Analyses prédictives

Exploiter la puissance des données pour obtenir des informations

Écrit par Daniel Carr
Edité par Cornell-David Publishing House

Indice

Le rôle des données dans l'analyse prédictive
Comment les données façonnent la modélisation prédictive
Scénarios de cas : les données en action
Les défis de la gestion des données
Au-delà des chiffres bruts : l'élément humain
Conclusion
2.1 Comprendre le rôle essentiel des données dans l'analyse prédictive
Le carburant pour les moteurs analytiques
Matières premières pour la prévision
Composant crucial pour l'apprentissage automatique
Préparation des données : une étape importante vers des prévisions de qualité
Confidentialité des données et implications éthiques
2.1 La valeur des données dans la prévision
2.1 Comprendre le rôle des données dans l'analyse prédictive
2.1.1 La matière première : les données
2.1.2 Qualité et pertinence des données
2.1.3 Préparation et prétraitement des données
2.1.4 Analyse des données
2.1.5 Le produit final : aperçus et prévisions
2.1.6 Apprentissage et amélioration continue
Sous-section : Pouvoir prédictif du Big Data
Définir le Big Data
Big Data et ses capacités prédictives
Implémenter le Big Data pour l'analyse prédictive
III. Méthodes et modèles d'analyse prédictive
Sous-section : Explorer l'analyse de régression dans l'analyse prédictive
A. Comprendre l'analyse de régression
B. Types d'analyse de régression
C. Hypothèses dans l'analyse de régression
D. Rôle de l'analyse de régression dans l'analyse prédictive

Impact de l'automatisation sur la main-d'œuvre

8.1 Analyse prédictive et intelligence artificielle (IA)

8.2 Omniprésence de l'analyse prédictive

8.3 Le cloud et l'analyse prédictive

8.4 Sensibilité temporelle et prévisions en temps réel

8.5 Problèmes de confidentialité et de sécurité

Exploiter l'apprentissage automatique pour l'analyse prédictive

Apprentissage supervisé et non supervisé

Révolution de l'apprentissage profond

Analyse prédictive en temps réel

Transparence et préoccupations éthiques

IX. Défis et limites de l'analyse prédictive

Sous-section - Comprendre la complexité et les implications éthiques de l'analyse prédictive

Qualité et gestion des données

Précision du modèle

Écart de compétences

Transparence et confiance

Conformité réglementaire

Implications éthiques

Résistance au changement

Sous-section : Comprendre les subtilités impliquées dans l'analyse prédictive

IX.1 Comprendre les limites de l'analyse prédictive

Obstacles à l'intégration de l'analyse prédictive

Qualité des données:

Manque d'analystes qualifiés :

Problèmes de confidentialité et de sécurité des données :

Coûts de mise en œuvre :

Interprétation erronée du résultat :

Considérations éthiques:

Limites de l'analyse quantitative :

Nature dynamique des marchés :

I. Comprendre l'analyse prédictive

1.1 Introduction à l'analyse prédictive

L'analyse prédictive est une technologie moderne qui remodèle progressivement le fonctionnement des entreprises et des organisations. Cette approche sophistiquée implique l'utilisation de données historiques, d'algorithmes d'apprentissage automatique, de méthodes statistiques et d'IA (intelligence artificielle) pour prévoir les tendances, comportements et événements futurs. L'objectif principal de l'analyse prédictive est de fournir aux entreprises des informations exploitables sur l'avenir qui leur permettent de résoudre des problèmes, de tirer parti des opportunités et de prendre des décisions fondées sur les données.

Le processus d'analyse prédictive comporte plusieurs étapes, notamment la collecte de données, le nettoyage des données, l'analyse statistique, le développement de modèles, la validation et le déploiement de modèles, ainsi que la génération de prédictions finales. Chaque étape joue un rôle essentiel en fournissant les prévisions les plus précises et les plus précieuses.

1.2 Importance et avantages de l'analyse prédictive

L'analyse prédictive évolue rapidement en tant qu'outil essentiel dans le domaine de la stratégie et du développement commerciaux.

- **Réduction des risques** : l'analyse prédictive fournit des informations sur les risques potentiels, permettant aux entreprises de mettre en place des mesures préventives. Par exemple, dans le domaine financier, l'analyse prédictive peut anticiper les défauts de paiement, le risque de crédit, les résultats des investissements et la détection des fraudes.
- **Marketing optimisé** : il aide à optimiser les campagnes marketing en offrant des informations sur les réponses des clients et les comportements d'achat, permettant un parcours client personnalisé.
- **Opérations améliorées** : les modèles prédictifs peuvent rationaliser l'efficacité opérationnelle, comme la prévision des besoins en stocks et la gestion des ressources.
- **Détection de la fraude** : l'analyse prédictive peut aider à identifier des modèles et des irrégularités pouvant indiquer des activités frauduleuses, offrant ainsi un mécanisme robuste pour les systèmes d'alerte précoce.

1.3 Principales techniques de l'analyse prédictive

Il existe trois principales techniques de modélisation prédictive :

1. **Modèles prédictifs** : cette technique utilise des prédicteurs pour prévoir les résultats. Les prédicteurs utilisés peuvent être plusieurs variables telles que les données démographiques, les habitudes de dépenses et les interactions antérieures pour prédire des résultats tels que le taux de désabonnement ou la probabilité de rachat.

2. **Modèles descriptifs** : Cette technique regroupe les clients potentiels en différentes catégories pour comprendre la probabilité de répondre à des offres spécifiques.
3. **Modèles de décision** : ils considèrent la corrélation entre les prédicteurs et les décisions spécifiques pour optimiser la prise de décision.

1.4 Défis de l'analyse prédictive

Même si l'analyse prédictive apporte d'immenses avantages, certains défis doivent être surmontés pour sa mise en œuvre efficace.

- **Qualité des données** : Une mauvaise qualité des données peut conduire à des prédictions inexactes.
- **Manque de personnel qualifié** : Ce domaine nécessite des experts capables de développer des modèles et d'interpréter les résultats.
- **Environnements changeants** : les environnements du monde réel peuvent changer rapidement, rendant parfois les modèles obsolètes.
- **Surajustement** : cela se produit lorsqu'un modèle cible si étroitement les nuances d'un ensemble de données spécifique qu'il fonctionne mal sur les nouvelles données.

1.5 L'avenir de l'analyse prédictive

Avec les progrès technologiques, l'analyse prédictive évolue et devient plus robuste. Il trouve de nouvelles applications dans divers secteurs tels que la santé, la finance, la cybersécurité, etc. Qu'il s'agisse de prédire les résultats pour les patients, de détecter la fraude financière ou de prévoir les menaces de cybersécurité, l'analyse prédictive promet un avenir axé sur les données et les informations exploitables.

Essentiellement, l'analyse prédictive est un outil puissant qui exploite les avancées technologiques pour fournir une capacité de prise de décision basée sur les données. Comprendre son importance, ses avantages, ses techniques et ses défis est la première étape vers l'exploitation de sa puissance.

1.1 Les bases de l'analyse prédictive

L'analyse prédictive est une branche de l'analyse avancée qui, comme son nom l'indique, fait des prédictions sur les résultats futurs sur la base de données historiques et de nombreuses techniques telles que les algorithmes statistiques, l'exploration de données et l'apprentissage automatique.

En d'autres termes, l'analyse prédictive utilise les données passées pour prédire l'avenir. Il s'agit d'une méthode proactive permettant aux entreprises d'acquérir un avantage concurrentiel en générant des informations exploitables basées sur ce qui est prévu. Il joue un rôle essentiel dans divers secteurs tels que les soins de santé, le marketing, les politiques gouvernementales et les services financiers, où il offre d'immenses avantages en permettant une prise de décision fondée sur des données probantes.

1.1.1 Fonctionnement de l'analyse prédictive

Le fondement sous-jacent de l'analyse prédictive repose sur la capture des relations entre plusieurs variables explicatives et la variable prédite à partir d'événements passés et sur son utilisation pour prédire l'avenir. Les étapes clés du processus comprennent la collecte de données, le prétraitement des données, l'analyse/modélisation statistique, la validation et la mise en œuvre finale. Bien que cela puisse paraître simple, cela nécessite une expertise considérable pour exploiter la puissance des algorithmes, des outils, des techniques et des méthodologies.

1.1.2 Importance de l'analyse prédictive

Dans le paysage commercial actuel en évolution rapide, l'importance de l'analyse prédictive ne peut être surestimée. Il aide les entreprises à détecter la fraude, à optimiser leurs stratégies marketing, à améliorer leurs opérations et à réduire les risques. Au-delà de cela, il peut identifier des tendances et des modèles qui passeraient inaperçus dans les tas de données brutes qui peuvent s'avérer inestimables pour prédire des événements futurs et permettre aux entreprises de réagir de manière proactive à ces prédictions.

1.1.3 Types d'analyse prédictive

Différents types de méthodes d'analyse prédictive sont utilisés en fonction du type de prédiction requis et du type de données disponibles. Ceux-ci inclus:

1. *Modèles descriptifs* – Ceux-ci classent les données en différents groupes en fonction des données historiques.
2. *Modèles prédictifs* – Ceux-ci utilisent des données historiques pour prévoir des événements futurs.
3. *Modèles de décision* – Ceux-ci prédisent les résultats de différentes alternatives de décision en fonction de scénarios connus ou supposés.

1.1.4 Défis de l'analyse prédictive

Même si l'analyse prédictive peut produire des résultats incroyables, son utilisation efficace n'est pas sans difficultés. La qualité et la confidentialité des données, le manque de personnel qualifié et le temps nécessaire à la préparation des données et à la création de modèles sont quelques-uns des obstacles auxquels les entreprises sont souvent confrontées. Cependant, avec une bonne planification et des ressources appropriées, ces défis peuvent être atténués.

1.1.5 L'avenir de l'analyse prédictive

L'analyse prédictive n'est pas une mode qui va disparaître. Bien au contraire. Avec les progrès de l'IA et de l'apprentissage automatique, la précision et la convivialité de l'analyse prédictive ne feront que s'améliorer dans les années à venir. Il continuera à avoir des impacts significatifs dans divers secteurs, en stimulant la prise de décision basée sur les données et en ouvrant la voie à des résultats plus optimisés et plus efficaces.

En comprenant et en exploitant le potentiel de l'analyse prédictive, les entreprises peuvent non seulement survivre, mais aussi prospérer dans le futur paysage concurrentiel. C'est un outil qui vous permet de regarder vers l'avenir pour prendre aujourd'hui les décisions qui donneront le ton du succès de demain. L'analyse prédictive permet en effet aux entreprises d'aller au-delà de la connaissance de « ce qui s'est passé » pour fournir la meilleure évaluation de « ce qui se passera dans le futur ».

1.1 Analyse prédictive : le concept expliqué

L'analyse prédictive, un terme qui gagne beaucoup de terrain à l'ère actuelle des données, implique l'utilisation de données, d'algorithmes statistiques et de techniques d'apprentissage automatique pour identifier la probabilité de résultats futurs sur la base de données historiques. Pour mieux comprendre le concept, considérons-le comme « la pratique consistant à partager des prévisions éclairées sur l'avenir ».

À mesure que la technologie numérique évolue, les entreprises ou organisations sont de plus en plus confrontées à un afflux de Big Data. A terme, gérer et déchiffrer une telle quantité d'informations devient un véritable défi. C'est là qu'intervient l'application de l'analyse prédictive.

En termes simples, l'analyse prédictive examine les modèles contenus dans ce Big Data pour atténuer les risques et saisir les opportunités. Il prévoit avec précision ce qui est susceptible de se produire ensuite afin que des décisions éclairées par les données puissent être prises en temps réel.

Par exemple, imaginez si une entreprise de commerce électronique pouvait anticiper la probabilité qu'un client retourne son achat. L'entreprise pourrait alors cibler cette personne avec des offres spéciales ou des incitations pour améliorer la satisfaction et l'engagement des clients.

1.2 Composants importants de l'analyse prédictive

Le processus d'analyse prédictive peut être décomposé en plusieurs éléments majeurs.

1. **Collecte de données :** tout commence par la collecte de données qui implique la collecte d'une grande variété de données provenant de diverses sources telles que des données structurées, semi-structurées ou non structurées.
2. **Analyse des données :** Après la collecte des données vient l'analyse des données. Cette phase nécessite des experts capables d'analyser et d'exploiter ces données pour extraire des modèles significatifs à utiliser dans le modèle prédictif.
3. **Analyse statistique :** une fois les données analysées en profondeur, des algorithmes statistiques sont appliqués aux données pour former un modèle statistique.
4. **Déploiement du modèle :** L'étape suivante implique le déploiement du modèle prédictif à l'aide des algorithmes statistiques choisis.
5. **Surveillance du modèle :** Enfin, la surveillance du modèle est effectuée. Cela implique de suivre les performances du modèle prédictif et de l'affiner en fonction de sa précision prédictive.

1.3 Applications de l'analyse prédictive

L'analyse prédictive a des applications de grande envergure dans plusieurs domaines. Dans le domaine des soins de santé, il peut être utilisé pour prédire l'évolution des maladies et contribuer à la médecine préventive. En entreprise, il peut anticiper le comportement des clients, optimiser les campagnes marketing et détecter les risques ou fraudes potentiels. En finance, l'analyse prédictive peut faciliter la gestion des risques, en particulier la prévision des probabilités de défaut de prêt ou de crédit.

1.4 Techniques d'analyse prédictive

L'analyse prédictive transparente est facilitée à l'aide d'un large éventail de techniques telles que les techniques de régression, l'analyse de séries chronologiques, l'apprentissage automatique, l'analyse d'arbre de décision et les réseaux neuronaux, entre autres. La principale distinction entre ces diverses techniques réside dans l'exactitude de leurs prévisions et dans la nature des relations qu'elles peuvent nouer.

1.5 Limites de l'analyse prédictive

Malgré ses puissantes perspectives futuristes, l'analyse prédictive n'est pas sans défis ni limites : elle ne peut pas prédire l'impact d'événements exogènes inattendus. De plus, sa qualité dépend des données sur lesquelles elle est basée. Si les données collectées sont biaisées, incomplètes ou erronées, elles donneront lieu à des prédictions biaisées et inexactes.

De plus, les implications éthiques de l'analyse prédictive ne peuvent être ignorées. Puisqu'il s'agit souvent du traitement de données personnelles, les questions de confidentialité et de sécurité des données posent des défis considérables. Ainsi, les mesures de protection doivent être renforcées pour garantir que l'utilisation de l'analyse prédictive trouve le bon équilibre, maximisant les avantages et minimisant les menaces potentielles.

1.1 Définir l'analyse prédictive

Pour comprendre toute la gamme des possibilités offertes par l'analyse prédictive, il est essentiel de commencer par bien comprendre ce qu'implique ce concept. En termes simples, l'analyse prédictive fait référence à l'utilisation à la fois de données existantes et d'algorithmes statistiques pour déterminer les résultats futurs probables d'un événement ou une chance qu'il se produise.

En termes simples, l'analyse prédictive est une technique d'analyse de données tournée vers l'avenir, permettant aux organisations de prévoir les tendances, les modèles et les comportements en s'appuyant sur la puissance de calcul et les méthodologies statistiques.

1.2 Méthodologies et principes derrière l'analyse prédictive

L'analyse prédictive s'appuie sur diverses techniques statistiques et méthodologies informatiques, notamment l'exploration de données, l'apprentissage automatique, les réseaux neuronaux, l'IA et la modélisation statistique. Ces méthodologies cherchent à identifier des modèles en analysant de vastes ensembles de données historiques et transactionnelles, afin de prédire les résultats futurs.

Les variables prédictives qui contiennent des informations sur les comportements probables constituent un élément essentiel de l'analyse prédictive. Ces variables sont utilisées conjointement avec un modèle prédictif pour prédire avec une précision raisonnable les événements futurs.

1.3 L'application de l'analyse prédictive

L'analyse prédictive est utilisée dans un large éventail de disciplines, de secteurs et de secteurs industriels. Les entreprises ont appliqué la puissance de l'analyse prédictive, entre autres, dans les domaines du marketing, de la finance, de la santé, de l'assurance et des télécommunications.

Quelques-unes de ses applications typiques incluent la notation de crédit, la détection de la fraude, la segmentation du marché, l'optimisation des stocks et de la chaîne d'approvisionnement, la modélisation de la valeur du client, la prévision du taux de désabonnement, l'évaluation des risques pour la santé et la maintenance prédictive.

1.4 Étapes du processus d'analyse prédictive

Le processus d'analyse prédictive peut être délimité en plusieurs étapes complètes : collecte de données, prétraitement des données, développement de modèles, tests et validation, et déploiement. Chaque étape implique des procédures et des méthodologies spécifiques.

- **Collecte de données :** la première phase, fondamentale, consiste à collecter un vaste ensemble de données historiques.
- **Prétraitement des données :** après la collecte des données, il faut les prétraiter, en traitant les valeurs manquantes, les valeurs aberrantes et en ajustant les données dans une structure appropriée pour les analyses.
- **Développement de modèle :** Ensuite, sur la base des données disponibles et du problème à résoudre, un modèle prédictif est développé.
- **Tests et validation :** l'exactitude et la fiabilité du modèle sont évaluées au cours de cette étape pour vérifier son efficacité.
- **Déploiement :** la dernière étape consiste à implémenter le modèle sur les données réelles pour faire des prédictions futures.

1.5 Défis de l'analyse prédictive

Même si l'analyse prédictive fournit des informations et des prévisions puissantes, elle n'est pas sans défis. Des problèmes tels que la confidentialité des données, la qualité des données, l'exactitude des modèles et la nécessité de faire appel à des analystes qualifiés peuvent poser des défis lors de la mise en œuvre de l'analyse prédictive.

1.6 L'avenir de l'analyse prédictive

À l'avenir, l'analyse prédictive est appelée à devenir encore plus sophistiquée et omniprésente à mesure que les données continuent de croître de façon exponentielle. L'avenir de l'analyse prédictive réside dans l'évolution des technologies telles que l'IA, l'apprentissage automatique et l'apprentissage profond. L'intégration de ces technologies nous permet de créer des modèles prédictifs plus précis, capables d'apprendre et de s'adapter à de nouvelles données, améliorant ainsi continuellement l'exactitude des prédictions.

En conclusion, maîtriser l'analyse prédictive, comprendre son potentiel, ses limites et ses perspectives d'avenir permettrait aux individus et aux organisations d'exploiter la puissance des données pour obtenir des informations précieuses et futures.

1.1 Qu'est-ce que l'analyse prédictive ?

L'analyse prédictive est une branche de l'analyse avancée qui utilise des techniques d'exploration de données, de statistiques, de modélisation, d'apprentissage automatique et d'intelligence artificielle (IA) pour analyser les données actuelles et faire des prédictions sur les événements futurs. En examinant les données historiques et en temps réel, ces analyses fournissent un aperçu de ce qui pourrait se produire dans le futur, permettant ainsi une prise de décision éclairée.

La puissance de l'analyse prédictive réside dans sa capacité à générer des informations exploitables sur l'avenir. Cela permet aux entreprises et aux organisations d'anticiper les risques, de découvrir des opportunités, d'améliorer l'efficacité opérationnelle, d'améliorer les produits et de renforcer la gestion stratégique en exploitant leurs données non seulement pour comprendre ce qui s'est passé, mais aussi pour avoir un aperçu de ce qui pourrait arriver.

L'analyse prédictive consiste en diverses techniques statistiques et avancées en informatique qui permettent de prédire des événements futurs sur la base de données historiques. Cela peut aller de la prévision du comportement des clients à l'élaboration de prévisions commerciales futures.

1.1.1 Le processus d'analyse prédictive

À la base, l'analyse prédictive consiste à extraire des informations à partir d'ensembles de données et à déterminer des modèles permettant de prévoir les résultats futurs avec un niveau de certitude raisonnable. Le processus peut être décomposé en plusieurs étapes clés :

- **Collecte de données :** Cette première étape consiste à collecter les données requises. Des enregistrements de transactions aux commentaires des clients, l'analyse prédictive peut gérer des données structurées et non structurées provenant de plusieurs sources.
- **Nettoyage des données :** cette étape implique le prétraitement et le nettoyage des données. Il s'agit de gérer les données manquantes ou incohérentes et de garantir que les données utilisées sont de haute qualité.

- **Analyse des données** : l'essentiel de l'analyse prédictive réside dans cette étape, qui implique l'analyse et l'interprétation des données à l'aide de modèles statistiques et d'algorithmes.
- **Création de modèles** : ici, les analystes de données utilisent divers modèles prédictifs pour apprendre et comprendre les relations entre les différents attributs des données.
- **Tests de validation** : Avant qu'un modèle prédictif puisse être déployé, il doit être rigoureusement testé pour garantir sa fiabilité et son efficacité.
- **Déploiement et suivi** : Une fois validé, le modèle prédictif est déployé et constamment surveillé pour garantir son exactitude dans la prévision des résultats futurs.

d'un **modèle prédictif** dépendent toutefois du cas d'utilisation spécifique et du type de données disponibles. Il s'agit d'un processus complexe qui nécessite des outils logiciels sophistiqués, un personnel qualifié et une gestion appropriée.

1.1.2 Applications de l'analyse prédictive

L'analyse prédictive a un large éventail d'applications dans plusieurs secteurs. Voici quelques utilisations typiques :

- **Prévisions des tendances** : les entreprises peuvent utiliser l'analyse prédictive pour prédire les tendances du marché et identifier les opportunités de croissance.
- **Prédictions du comportement des clients** : les entreprises peuvent prédire le comportement des clients, anticiper le taux de désabonnement et adapter efficacement leurs stratégies marketing.

- **Gestion des stocks** : l'analyse prédictive peut fournir des prévisions précises de la demande pour une gestion optimale des stocks.
- **Gestion des risques** : les institutions financières peuvent mieux gérer les risques en prévoyant les possibilités de fraude ou de défaut.
- **Soins de santé** : des modèles prédictifs peuvent être utilisés pour prédire les épidémies ou les réadmissions de patients.

1.1.3 Avantages de l'analyse prédictive

En tirant parti de l'analyse prédictive, les organisations peuvent acquérir un avantage concurrentiel à l'ère actuelle axée sur les données. Les avantages sont nombreux :

- **Prise de décision améliorée** : en prédisant les scénarios futurs, les entreprises peuvent prendre des décisions stratégiques basées sur les données.
- **Gestion des risques améliorée** : l'analyse prédictive permet une gestion des risques plus efficace en identifiant les risques potentiels avant qu'ils ne deviennent de gros problèmes.
- **Efficacité opérationnelle accrue** : Grâce aux informations obtenues, les entreprises peuvent optimiser les ressources, améliorer la productivité et réduire les coûts.
- **Meilleur service client** : prédire le comportement des clients peut aider les entreprises à proposer des services personnalisés et à renforcer les relations clients.

1.1.4 Défis et limites

Si l'analyse prédictive offre d'innombrables avantages, elle pose également son lot de défis :

- **Qualité des données** : Pour des résultats précis, des données de haute qualité sont indispensables. Des données de mauvaise qualité peuvent conduire à des inexactitudes et à des prévisions peu fiables.
- **Complexité des modèles** : La construction de modèles prédictifs nécessite des compétences techniques avancées et une compréhension d'algorithmes complexes.
- **Problèmes de confidentialité** : l'utilisation de données comporte un risque de violation des réglementations en matière de confidentialité.

L'analyse prédictive ne consiste pas à disposer d'une boule de cristal garantissant l'avenir, mais elle fournit les meilleurs indicateurs possibles de ce à quoi s'attendre. Par conséquent, il est important de se rappeler que même si les prévisions peuvent être très précises, elles ne constituent pas une certitude à 100 %. Les prédictions doivent donc être utilisées comme des conseils et non comme une vérité absolue.

L'analyse prédictive est sans aucun doute un outil puissant, mais comme tout autre outil, son efficacité dépend en fin de compte de la manière dont elle est utilisée. Entre de bonnes mains, il peut aider à obtenir des informations inestimables, à orienter la prise de décision stratégique et à faire entrer les entreprises dans une nouvelle ère de croissance basée sur les données. Cependant, sans une stratégie de mise en œuvre solide et des pratiques responsables en matière de données, la puissance de l'analyse prédictive risque de rester inexploitée.

II. L'essence des données dans l'analyse prédictive

Chapitre 4 : Révéler les modèles futurs grâce aux données

Dans ce chapitre, nous approfondirons le fonctionnement interne de l'analyse prédictive et le rôle essentiel joué par les données dans la réalisation de prédictions éclairées. Le choix des ensembles de données pertinents utilisés et l'efficacité des algorithmes appliqués affectent directement la qualité des informations et des prédictions générées.

Le rôle des données dans l'analyse prédictive

Les données sont la matière première de l'analyse prédictive. Tout comme un sculpteur choisit soigneusement la bonne pierre avant de commencer son travail, un analyste de données doit commencer avec le bon ensemble de données pour obtenir des prédictions précises. Le point important ici n'est pas la simple quantité de données mais la qualité et la précision des données adaptées au problème posé.

Des données de divers formats tels que des données non structurées, semi-structurées et structurées sont utilisées dans l'analyse prédictive. Les données, une fois prétraitées, nettoyées et transformées, constituent la base sur laquelle les modèles prédictifs sont construits.

Comment les données façonnent la modélisation prédictive

La modélisation prédictive utilise ces ensembles de données et leur applique diverses techniques statistiques, telles que l'apprentissage automatique et la modélisation prédictive, pour analyser les faits actuels et historiques afin de faire des prédictions sur l'avenir.

Les modèles mathématiques impliqués passent au crible de vastes ensembles de données pour repérer des modèles et des tendances significatives. Les modèles prédictifs évoluent au fil du temps à mesure qu'ils continuent à consommer des données plus récentes et à réviser les prédictions en fonction des changements de données observés.

Scénarios de cas : les données en action

Pour visualiser la puissance de l'analyse prédictive, envisagez un service de streaming de films qui recommande des films en fonction des éléments précédemment regardés par les utilisateurs. Ici, les points de données incluraient les films que chaque utilisateur a visionnés et peut-être même la façon dont ils ont évalué chaque film. Ou pensez à une société de cartes de crédit qui utilise l'analyse prédictive pour détecter les transactions frauduleuses. Dans ce cas, l'entreprise collecte des points de données sur le comportement d'achat typique de chaque utilisateur de carte afin de détecter les anomalies pouvant indiquer une fraude.

Les défis de la gestion des données

Même si les progrès technologiques nous ont permis d'accéder facilement à de grandes quantités de données, ils comportent leur lot de défis. La gestion de grandes quantités de données nécessite des capacités de traitement puissantes, des solutions de stockage efficaces et le savoir-faire nécessaire pour gérer et maintenir tout cela.

De plus, la confidentialité et la sécurité des données sont devenues des préoccupations majeures dans le monde moderne. Un mécanisme robuste est nécessaire pour sécuriser les données sensibles tout en garantissant le respect des réglementations en matière de confidentialité.

Au-delà des chiffres bruts : l'élément humain

Il est essentiel de se rappeler que même si les données sont au cœur de l'analyse prédictive, une intervention humaine peut souvent fournir les informations les plus approfondies. Les analystes jouent un rôle essentiel dans l'interprétation correcte des données, dans la compréhension de ce qui rend les mesures pertinentes significatives ou dans la détection d'une tendance significative.

Conclusion

Pour résumer, les données sont l'élément vital qui alimente l'analyse prédictive. Avec la croissance exponentielle des données dans ce monde numérique, le potentiel de l'analyse prédictive pour révolutionner les industries et transformer les entreprises est énorme. Cependant, cela nécessite des modèles soigneusement conçus, une application précise et une compréhension globale pour libérer ce potentiel.

Dans les chapitres suivants, nous approfondirons chaque étape du processus d'analyse prédictive, en discutant des techniques et des outils utilisés à chaque étape et en explorant comment interpréter et appliquer efficacement les résultats pour stimuler la prise de décision et l'innovation.

2.1 Comprendre le rôle essentiel des données dans l'analyse prédictive

Indéniablement, les données sont l'élément vital de l'analyse prédictive. Le pouvoir inhérent des données réside dans leur capacité à fournir un aperçu des modèles et des tendances. Ces informations permettent par conséquent de planifier stratégiquement, de prendre des décisions et de prédire les résultats futurs.

Le carburant pour les moteurs analytiques

Un modèle prédictif est comme une machine. Tout comme les machines fonctionnent au carburant, les modèles prédictifs fonctionnent avec des données. Sans données, ces modèles ne pourraient pas fonctionner. À cet égard, les données peuvent être considérées comme le carburant qui alimente le moteur de l'analyse prédictive.

De nombreux types de données peuvent alimenter le moteur d'analyse prédictive, et cela devient plus évident à l'ère du Big Data. Les données structurées telles que les données numériques et catégorielles, les données non structurées comme le texte et les images et les données semi-structurées telles que XML et JSON possèdent toutes le potentiel d'être converties en informations utiles.

Matières premières pour la prévision

L'analyse prédictive consiste à extraire des informations à partir d'ensembles de données existants dans le but de prédire les probabilités et les tendances futures. En d'autres termes, les données sont la matière première utilisée pour créer des produits de prévision. La qualité des matières premières (données) influence directement la qualité du produit final (prédiction). Des données incomplètes ou inexactes conduiraient inévitablement à des prévisions inexactes.

Composant crucial pour l'apprentissage automatique

Les données alimentent non seulement l'analyse prédictive, mais constituent également un composant crucial pour l'apprentissage automatique (ML), une technique clé utilisée dans l'analyse prédictive. Les modèles d'apprentissage automatique apprennent à partir des données pour faire des prédictions ou des décisions sans être explicitement programmés.

Dans l'apprentissage supervisé, les données étiquetées sont utilisées pour entraîner le modèle ML, et le modèle apprend à prédire le résultat à partir des caractéristiques des données d'entrée. Cependant, dans l'apprentissage non supervisé, le modèle identifie des modèles et des relations dans les données d'entrée. Par conséquent, la qualité, la diversité et le volume des données ont un impact significatif sur les performances des modèles ML.

Préparation des données : une étape importante vers des prévisions de qualité

Bien que les données constituent une ressource essentielle dans l'analyse prédictive, elles doivent être correctement nettoyées et transformées avant utilisation. La préparation des données implique le formatage, le nettoyage et l'échantillonnage des données, ce qui affecte directement la qualité de l'analyse prédictive. Des données invalides ou incohérentes peuvent conduire à des conclusions erronées, tandis que des données biaisées peuvent conduire à des prédictions discriminatoires. Par conséquent, une préparation assidue des données est nécessaire pour établir des modèles d'analyse prédictive réussis.

Confidentialité des données et implications éthiques

Même si les données constituent l'essence même de l'analyse prédictive, il est essentiel de respecter la confidentialité des données et de respecter les considérations éthiques en matière de traitement et d'analyse des données. L'analyse prédictive ne doit jamais violer les droits à la vie privée d'une personne ni être utilisée de manière contraire à l'éthique. Par conséquent, des mécanismes de gouvernance des données appropriés doivent être mis en place pour garantir la confidentialité, l'exactitude, l'accessibilité et l'intégrité des données.

En conclusion, le rôle des données fait partie intégrante de l'analyse prédictive, remplissant divers rôles à différentes étapes, depuis la matière première pour les analyses jusqu'au matériel d'apprentissage pour les modèles ML. Cependant, sa puissance dépend de la prudence de la manipulation des données : la préparation des données et la confidentialité doivent être une priorité pour en tirer des informations significatives et éthiques. En reconnaissant et en exploitant ces différentes facettes de l'importance des données dans l'analyse prédictive, nous pouvons exploiter efficacement leur puissance pour des informations futures.

2.1 La valeur des données dans la prévision

Dans le domaine de l'analyse prédictive, les données constituent l'élément vital qui confère à cette approche scientifique son pouvoir prédictif. Cette section approfondit le rôle des données, les raisons de leur importance et la manière dont elles sont transformées en informations prédictives puissantes qui orientent la stratégie commerciale et la prise de décision.

a) Le rôle des données dans l'analyse prédictive

Toute discussion sur l'analyse prédictive serait incomplète sans mettre d'abord l'accent sur le pivot de l'opération : les données. Dans l'analyse prédictive, les données constituent la matière première. Chaque prédiction, chaque prévision dépend de la qualité et de la quantité des données disponibles. Les données constituent l'élément fondamental des modèles prédictifs, c'est-à-dire des modèles capables d'apprendre à partir de données historiques et en temps réel, de discerner des modèles et de faire des prédictions éclairées sur des événements ou des résultats futurs.

b) Qualité et quantité des données

- *Quantité* : Un volume accru de données amplifie la capacité d'un modèle à apprendre et à faire des prédictions précises. La grande quantité de données générées chaque minute sur les réseaux sociaux, l'IoT, les appareils mobiles, les sites Web et les entreprises de divers secteurs est généralement appelée « Big Data ». L'omniprésence du Big Data a amplifié les opportunités d'analyse prédictive d'une manière inimaginable.
- *Qualité* : L'exactitude et l'importance des données sont également importantes. Le principe Garbage In, Garbage Out (GIGO) fait écho à ce sentiment. Si les données d'entrée sont erronées, la sortie le sera également. Dans ce contexte, le processus de nettoyage des données devient essentiel à l'analyse prédictive. Il s'agit d'identifier et de rectifier (ou de supprimer) les données inexactes d'une base de données. L'objectif final est d'améliorer l'intégrité des données et le degré de prédiction.

c) Traitement et gestion des données

L'analyse prédictive exploite les données, structurées et non structurées. Les données structurées incluent tout ce qui peut être soigneusement placé dans des tableaux, des graphiques ou des diagrammes, tandis que les données non structurées incluent des vidéos, des images, des données textuelles, des e-mails, etc. La gestion des données implique de stocker de manière sûre et efficace ces diverses formes de données, en s'assurant qu'elles sont accessibles pour traitement. Le processus comprend plusieurs étapes cruciales telles que la collecte de données, le prétraitement des données, l'intégration des données, la transformation des données et la réduction des données.

d) Dériver des informations prédictives à partir des données

Les données brutes ne confèrent pas à elles seules un pouvoir prédictif ; il doit être contrôlé, transformé et traité pour faire ressortir les modèles enfouis à l'intérieur. Les étapes suivent généralement les lignes suivantes :

- *Collecte de données* : Il s'agit de l'étape initiale, où les données pertinentes sont collectées à partir de diverses sources.
- *Prétraitement des données* : Cette étape vise à nettoyer et formater les données. Cela peut impliquer de traiter des données manquantes ou incohérentes, de réduire le bruit et de normaliser les données.
- *Construction de modèles* : cela se produit une fois que les données sont propres et prêtes à être utilisées. Au cours de cette étape, des algorithmes pertinents sont appliqués, formant le modèle prédictif.
- *Évaluation & Validation* : Le modèle est ensuite testé, validé et ses performances sont évaluées. Cela peut révéler les améliorations nécessaires.
- *Déploiement et surveillance* : le modèle prédictif final est implémenté dans un environnement réel pour des prédictions réelles et surveillé en permanence pour les performances.

L'analyse prédictive exige un immense soin dans la gestion, le traitement et l'analyse des données. La qualité et la quantité des données jouent un rôle central dans la détermination de l'exactitude du modèle construit, offrant ainsi des informations futures plus fiables pour une meilleure prise de décision. Des outils, technologies et stratégies spécifiques sont utilisés pour amplifier la valeur des données dans le cadre de l'analyse prédictive, ce qui en fait une force instrumentale dans ce domaine.

2.1 Comprendre le rôle des données dans l'analyse prédictive

Pour comprendre l'essence de l'analyse prédictive, il est primordial d'étudier le rôle central que jouent les données dans l'ensemble de ses opérations. L'analyse prédictive repose essentiellement sur les données. En effet, cela implique d'utiliser des données d'événements passés, de traiter et d'analyser ces données pour former des modèles capables de prédire les résultats ou les tendances futurs. C'est dans ce contexte que l'importance des données dans l'analyse prédictive peut être pleinement comprise et appréciée.

2.1.1 La matière première : les données

Les données servent de matière première dans le processus d'analyse prédictive. Tout comme un orfèvre a besoin d'or pour créer un magnifique bijou, un analyste prédictif a besoin de données pour créer des prévisions perspicaces. Le processus d'analyse prédictive commence donc par la capture, la collecte ou la collecte de données. Les données peuvent provenir de différentes sources : des enregistrements transactionnels d'une entreprise aux résultats d'enquêtes, ou même des publications sur les réseaux sociaux. L'important ici est que sans données, l'analyse prédictive n'est pas possible.

2.1.2 Qualité et pertinence des données

Toutes les données ne sont pas créées égales et, par conséquent, toutes les données ne se prêtent pas également à l'analyse prédictive. Le succès de tout modèle prédictif dépend en grande partie de la qualité des données qui y sont introduites. Il est essentiel que les analystes prédictifs utilisent des données précises, cohérentes et fiables. Des données de mauvaise qualité peuvent conduire à des prédictions inexactes, à des résultats trompeurs, voire à des conclusions complètement erronées.

2.1.3 Préparation et prétraitement des données

Les données sont rarement présentées dans un format prêt à l'emploi. Il doit souvent être nettoyé, formaté ou prétraité avant de pouvoir être utilisé pour une analyse prédictive. Cette phase implique plusieurs tâches telles que la gestion des valeurs manquantes, la suppression des valeurs aberrantes, la transformation des données et la mise à l'échelle des fonctionnalités. L'objectif ici est de garantir que les données sont de la bonne qualité, du bon format et de la bonne structure pour être utilisées efficacement dans le modèle prédictif.

2.1.4 Analyse des données

Une fois les données collectées et préparées, la phase d'analyse commence. Ici, des algorithmes et des outils analytiques sont utilisés pour examiner, interpréter et analyser les données. Par exemple, les statisticiens peuvent effectuer une analyse de régression pour identifier les relations entre les variables. Les modèles d'apprentissage automatique peuvent être utilisés pour reconnaître des modèles dans les données. L'objectif ici est de tirer des informations exploitables à partir de données pouvant être utilisées pour prédire les résultats futurs.

2.1.5 Le produit final : aperçus et prévisions

La valeur ultime des données dans l'analyse prédictive réside dans les informations et les prédictions qui peuvent en être dérivées. Ces informations pourraient aider les organisations à prendre des décisions stratégiques éclairées, à optimiser leurs opérations ou même à ouvrir de nouvelles opportunités de croissance. Les prédictions établies à partir des données peuvent donner un aperçu de l'avenir, offrant aux entreprises la possibilité de garder une longueur d'avance, d'anticiper les besoins des clients ou d'atténuer les risques potentiels.

2.1.6 Apprentissage et amélioration continue

Les données de l'analyse prédictive ne sont pas une ressource à usage unique. Même après l'analyse initiale, les données doivent être conservées pour un apprentissage et une amélioration ultérieurs. En effet, l'environnement réel est dynamique et sujet à des changements constants. En surveillant et en suivant en permanence les performances et en mettant à jour les modèles en fonction de nouvelles données, l'analyse prédictive peut aider les organisations à apprendre, à s'adapter et à s'améliorer de manière continue. En un mot, le rôle essentiel des données dans l'analyse prédictive est incontestable. C'est essentiellement l'élément vital qui alimente les prédictions. Avoir une compréhension claire de son rôle peut grandement contribuer à la création de modèles prédictifs efficaces. Il s'agit en effet de cet outil omnipotent entre les mains d'un analyste qui, s'il est correctement exploité, peut transformer les incertitudes commerciales en opportunités.

Sous-section : Pouvoir prédictif du Big Data

Dans le domaine de l'analyse prédictive, les données constituent la base. Le volume, la vitesse, la variété et la véracité des données, collectivement appelés les 4V du Big Data, influencent profondément les résultats de toute analyse prédictive.

Définir le Big Data

Le « Big Data » est une terminologie dérivée pour décrire des données si abondantes et si complexes que les outils de traitement de données traditionnels ont du mal à les gérer. L'essence du Big Data se nourrit de son potentiel prédictif. Plus vous possédez de données, plus vous pouvez observer clairement des modèles, des tendances et des associations, notamment en ce qui concerne le comportement humain.

Big Data et ses capacités prédictives

La capture de données en gros volumes, souvent en temps réel, donne aux entreprises un avantage en termes d'analyse prédictive.

- **Volume** : L'étendue des données disponibles aujourd'hui est inconcevable. Les flux de médias sociaux, les capteurs Internet, les journaux de machines, les images et vidéos numériques, les enregistrements de transactions d'achat, les signaux GPS des téléphones portables, entre autres, génèrent des volumes de données inconcevables chaque seconde. Ces nombreuses données facilitent les modèles prédictifs complexes en fournissant des variables plus larges et des modèles plus clairs.
- **Vélocité** : La vitesse à laquelle nous recevons les données est tout aussi critique. Des données plus rapides signifient des prévisions plus rapides, particulièrement vitales pour les secteurs qui doivent réagir en temps réel ou quasiment en temps réel, comme la finance, la santé et le commerce électronique.
- **Variété** : La diversité ou la gamme de données, des données structurées aux données semi-structurées en passant par les données non structurées, alimente la richesse et la profondeur des informations pour l'analyse prédictive. Plus l'assortiment est large, meilleures sont les informations.
- **Véracité** : Cela implique l'incertitude des données disponibles. Étant donné que les données peuvent souvent être désordonnées – impures, non structurées et contenant des anomalies – il est important de pouvoir différencier les données crédibles et précises du bruit.

Implémenter le Big Data pour l'analyse prédictive

La portée étendue du Big Data ouvre la voie à une analyse prédictive plus complexe, libérant les praticiens des contraintes traditionnelles. L'intégration de données vastes et variées améliore le modèle prédictif, permettant une prise de décision plus précise. L'intégration du Big Data dans l'analyse prédictive implique :

- **Exploration de données** : l'extraction de points de données pertinents à partir d'ensembles de données étendus est essentielle. L'identification de modèles permet de prédire les tendances futures.
- **Modélisation prédictive** : l'utilisation de techniques et d'algorithmes statistiques pour anticiper les résultats futurs est au cœur de l'analyse prédictive. Plus l'ensemble de données est vaste et diversifié, plus les prévisions du modèle sont précises.
- **Machine Learning** : En tant que sous-ensemble de l'intelligence artificielle, le machine learning se nourrit du Big Data pour faire des prédictions précises. Lorsqu'ils sont exposés à davantage de données, ces modèles ML apprennent et s'adaptent continuellement, améliorant ainsi leur précision au fil du temps.

L'analyse prédictive optimisée par le Big Data propose de nombreuses pistes inventives pour les pratiques industrielles. Avec la bonne application de la technologie, les organisations peuvent transformer le flux de données en un avantage stratégique – prédire le prochain achat du client, anticiper les pannes de machines, détecter les transactions frauduleuses, améliorer le diagnostic des soins de santé – transformant la façon dont les industries pensent, travaillent et se développent.

À l'ère de l'abondance des données, l'analyse prédictive est en train de changer rapidement la donne. Le Big Data, exploité intelligemment, ouvre un potentiel inexploité, permettant aux organisations de prévoir ce qui les attend et d'agir de manière proactive pour saisir les opportunités de demain.

III. Méthodes et modèles d'analyse prédictive

Sous-section : Explorer l'analyse de régression dans l'analyse prédictive

L'analyse de régression est l'une des méthodes statistiques puissantes utilisées dans l'analyse prédictive pour identifier et analyser la relation entre une variable dépendante et une ou plusieurs variables indépendantes. Il s'agit de l'une des nombreuses techniques de modélisation prédictive et elle est utilisée pour la prévision, la modélisation de séries chronologiques et la détermination de la relation causale-effet entre les variables.

A. Comprendre l'analyse de régression

Le terme « régression » fait référence à une régression de y sur x. Autrement dit, cela signifie prédire le y approximatif dans "y = f(x)" lorsque seul l'échantillonnage de x est donné. L'analyse de régression aide à comprendre comment la valeur typique de la variable dépendante ou de la variable critère change lorsque l'une des variables indépendantes varie, tandis que les autres variables indépendantes restent fixes.

B. Types d'analyse de régression

Il existe plusieurs types d'analyse de régression ; cependant, quelques-uns restent plus couramment utilisés dans l'analyse prédictive.

1. **Régression linéaire** : Il s'agit d'une approche statistique permettant de modéliser la relation entre deux variables (de manière dépendante et indépendante) en ajustant une équation linéaire aux données observées. Il peut être divisé en deux types ; régression linéaire simple et régression linéaire multiple.

2. **Régression logistique** : Contrairement à la régression linéaire qui prédit des valeurs continues, la régression logistique est utilisée pour modéliser la probabilité qu'un certain événement se produise comme réussite/échec, victoire/perdance, vivant/mort ou en bonne santé/malade.

3. **Régression polynomiale** : Si la puissance de la variable indépendante est supérieure à 1, l'équation devient un polynôme, donc appelé régression polynomiale. Il correspond à une relation non linéaire entre la valeur de x et la moyenne conditionnelle correspondante de y.

4. **Ridge Regression** : Ridge Regression sert de solution au problème de multicolinéarité en attribuant un degré de biais aux estimations de régression.

5. **Régression Lasso** : La régression Lasso (opérateur de retrait et de sélection le moins absolu) est comme la régression Ridge mais a la capacité de réduire la variabilité et d'améliorer la précision des modèles de régression linéaire.

C. Hypothèses dans l'analyse de régression

Dans l'analyse de régression, plusieurs hypothèses sont formulées :

- *Linéarité* : La relation entre les prédicteurs et la cible est linéaire.
- *Erreurs indépendantes* : Les résidus/erreurs du modèle doivent être indépendants les uns des autres.
- *Normalité* : Pour toute valeur fixe de X, Y est normalement distribué.
- *Variances égales* : Pour toute valeur fixe de X, la variance de Y est constante.

D. Rôle de l'analyse de régression dans l'analyse prédictive

Dans l'analyse prédictive, l'analyse de régression est utilisée pour prédire les résultats et évaluer les relations potentielles entre les variables. Il aide à comprendre les scénarios futurs dans divers domaines tels que les études de marché, la rentabilité des produits, l'immobilier, les prévisions météorologiques, les soins de santé, la bourse, etc.

Compte tenu de l'accès et de la disponibilité croissants des données, le rôle de l'analyse de régression dans l'analyse prédictive s'avère d'une importance primordiale. Il offre un moyen simple mais puissant d'accéder aux données et de prendre ainsi des décisions calculées et tournées vers l'avenir.

Bien qu'elle repose sur un concept simple de relation linéaire, sa simplicité lui a valu une grande importance dans le domaine de la compréhension commerciale. Cela peut aider à tracer une voie pour l'avenir ou ouvrir la voie aux changements nécessaires aujourd'hui pour avoir un impact positif sur l'avenir.

En conclusion, l'analyse de régression est un outil essentiel en analyse prédictive. Il se peut qu'il ne fournisse pas toujours des prévisions parfaites (car les données du monde réel sont compliquées et imprévisibles), mais s'il est mis en œuvre correctement, il peut fournir des informations incroyablement précieuses qui favorisent une meilleure prise de décision commerciale. Ainsi, comprendre ses subtilités et ses nuances, ainsi que savoir quand et comment l'utiliser, sont des compétences indispensables pour les analystes de données et les scientifiques d'aujourd'hui.

Sous-section : Modèles de régression et prévisions

L'une des principales méthodes et modèles utilisés dans l'analyse prédictive est les **modèles de régression et les techniques de prévision.** Ces méthodes sont appréciées en raison de leur flexibilité, de leur facilité de compréhension et de leur robustesse, ce qui signifie qu'elles peuvent prendre de nombreuses formes et sont très adaptables à une multitude d'applications.

Comprendre l'analyse de régression

L'analyse de régression est une technique statistique puissante qui permet aux analystes d'examiner la relation entre deux ou plusieurs variables. Il incarne la simplicité de la corrélation et progresse vers la prédiction d'une variable à partir d'une ou plusieurs autres. La variable dépendante est souvent notée Y, tandis que les variables indépendantes sont représentées par le symbole X.

Les applications importantes des modèles de régression dans l'analyse prédictive s'étendent de la prévision des ventes futures en entreprise, de la prévision de la progression des maladies en médecine, de l'estimation des rendements agricoles, de la prévision des effets du changement climatique sur les écosystèmes, et bien d'autres encore.

Types de régression

Plusieurs types de modèles de régression peuvent être utilisés en analyse prédictive. Chacun possède des caractéristiques uniques qui le rendent adapté à des situations spécifiques. Voici quelques types :

1. **Régression linéaire simple** : une variable indépendante est utilisée pour prédire le résultat de la variable dépendante. Par exemple, la relation entre l'âge et la tension artérielle.
2. **Régression linéaire multiple** : utilisée lorsqu'il existe deux variables indépendantes ou plus. Si elle est utilisée en marketing, par exemple, la régression linéaire multiple peut évaluer l'impact des changements dans le prix des biens, les dépenses de marketing et l'impact de la publicité sur les réseaux sociaux sur les ventes.
3. **Régression polynomiale** : ce type extrapole la relation entre la variable indépendante et la variable dépendante sous la forme d'un polynôme du nième degré.
4. **Ridge Regression** : utilisé pour analyser des données de régression multiples qui souffrent de multicolinéarité, ce qui se produit lorsque les variables indépendantes sont fortement corrélées.
5. **Régression logistique** : Ce type est utilisé lorsque la variable dépendante est binaire. Par exemple, si un patient souffre d'une maladie (oui/non) ou si un e-mail est du spam (oui/non).

Comprendre les méthodes de prévision

45

Les méthodes de prévision constituent un autre outil important de l'analyse prédictive. Contrairement à la régression, qui prédit une valeur de variable sur la base des valeurs réelles d'autres variables, **la prévision prédit les valeurs futures de la même variable** . Plus précisément, la prévision repose sur la conviction que les tendances observées dans les données actuelles se poursuivront dans le futur.

Il existe plusieurs classes de méthodes de prévision :

1. **Techniques qualitatives** : souvent utilisées lorsqu'il n'existe pas de données concrètes disponibles et s'appuient sur l'opinion d'experts et d'autres informations moins objectives.
2. **Prévision de séries chronologiques** : ici, les données historiques sont analysées pour extrapoler les données dans le futur. Cela inclut des méthodes telles que les moyennes mobiles, le lissage exponentiel et les modèles autorégressifs.
3. **Modèles causals** : ces modèles supposent que la variable prévue est influencée par une ou plusieurs autres variables. Le modèle prévoira la variable d'intérêt, à condition que la valeur future de la variable prédictive soit connue.
4. **Méthodes de prévision de l'intelligence artificielle (IA)** : Plus récemment, les techniques d'apprentissage automatique et d'apprentissage profond sont appliquées à la prévision. Selon l'algorithme particulier, ceux-ci peuvent être considérés comme une forme de prévision de modèle causal ou de prévision de séries chronologiques.

En conclusion, la grande variété de modèles de régression et de techniques de prévision offre aux analystes une boîte à outils polyvalente pour relever les différents défis liés à la prévision de l'avenir. Maîtriser ces techniques et comprendre quand appliquer quelle technique est une compétence clé en analyse prédictive.

1. Analyse de régression dans l'analyse prédictive

L'analyse de régression peut être simplement définie comme une technique d'analyse statistique puissante utilisée pour expliquer ou prédire le changement d'une variable (variable dépendante) en raison des changements d'autres variables (variables indépendantes). La nature concise de cette technique, associée à sa grande précision, en a fait un choix populaire pour l'analyse prédictive dans différents domaines tels que la finance, la santé, la vente au détail, etc.

1.1 Comprendre les bases

La façon la plus simple de comprendre l'analyse de régression consiste à considérer un exemple simple. Supposons qu'un détaillant souhaite déterminer dans quelle mesure les ventes d'un produit particulier diminuent ou augmentent en fonction de son prix. Ici, le prix peut être considéré comme une variable indépendante, tandis que les ventes sont la variable dépendante. Une analyse de régression utilisera les points de données existants pour créer un modèle qui prédit avec précision comment un changement de prix pourrait modifier les ventes.

1.2 Régression linéaire et logistique

Il existe différents types de modèles de régression, mais les deux plus couramment utilisés sont les régressions linéaire et logistique.

Régression linéaire : ce type d'analyse de régression aide à prédire une variable dépendante continue basée sur une ou plusieurs variables indépendantes. Pensez à prédire le prix d'une maison (variable dépendante) en fonction de variables telles que l'emplacement, la taille et l'âge de la maison (variables indépendantes).

Régression logistique : Ceci est utilisé lorsque la variable dépendante est catégorielle, ce qui signifie qu'elle peut en prendre une parmi des valeurs possibles limitées. Par exemple, savoir si un client va abandonner ou non (Oui/Non), ou prédire si un e-mail est du spam ou non (Spam/Pas de spam).

1.3 Comment l'analyse de régression s'intègre-t-elle dans l'analyse prédictive ?

L'analyse prédictive utilise des données historiques pour prédire les résultats futurs. L'essence de cette approche réside dans l'identification de modèles ou de relations entre des variables issues de données passées afin de prévoir leur comportement ou leur corrélation dans le futur. Et c'est précisément là que l'analyse de régression entre en jeu.

L'analyse de régression, par nature, est équipée pour identifier les relations entre les variables, quantifier leur force et utiliser ces corrélations pour créer des modèles prédictifs fiables. Cela en fait un outil essentiel d'analyse prédictive.

1.4 Avantages et inconvénients

Avantages :

- C'est relativement simple à comprendre et à expliquer.
- L'analyse de régression peut traiter plusieurs fonctionnalités d'entrée à la fois.
- Il fournit une mesure quantifiée de la force de la relation entre les variables.

Inconvénients :

- La régression linéaire suppose une relation linéaire entre les variables qui n'est pas toujours vraie.
- Il est sensible aux valeurs aberrantes et peut conduire à des prédictions inexactes si l'ensemble de données en contient trop.

1.5 Conclusion

Malgré ses limites, l'analyse de régression reste un outil essentiel dans la boîte à outils de l'analyse prédictive. Il s'agit d'une technique relativement simple mais puissante pour analyser les données passées et découvrir des modèles qui peuvent être utiles pour faire des prédictions précises dans différents domaines tels que les affaires, les soins de santé, etc.

N'oubliez pas, cependant, que même si l'analyse de régression peut mettre en évidence des relations et des modèles, elle n'établit pas de relation de cause à effet entre les variables. Il convient donc de faire preuve d'une grande prudence lors de l'interprétation et de l'action en fonction des résultats d'une analyse de régression.

Dans la sous-section suivante, nous aborderons une autre méthode importante en analyse prédictive : les arbres de décision. Restez à l'écoute!

3.1 Analyse de régression : un incontournable de l'analyse prédictive

L'analyse de régression est un outil primordial sous l'égide de l'analyse prédictive, servant de base pour comprendre et quantifier les relations entre différentes variables. À la base, il cherche à prédire une variable dépendante sur la base de la ou des valeurs d'au moins une variable indépendante.

Aperçu

Dans sa forme la plus simple, l'analyse de régression pourrait être un modèle de régression linéaire, qui tente de tracer une ligne droite qui correspond le mieux aux points de données disponibles. Cette ligne représente une équation mathématique dans laquelle la variable dépendante (par exemple, le chiffre d'affaires) peut être estimée sur la base de la ou des variables indépendantes (telles que les dépenses publicitaires).

Cet outil est principalement utilisé pour comprendre quelles variables indépendantes sont liées à la variable dépendante et pour explorer les formes de ces relations. Dans des situations plus complexes, cela aide à prédire l'avenir sur la base de modèles formés dans les données.

Types d'analyse de régression

Il existe de nombreux types d'analyse de régression, chacun répondant à un objectif différent et s'adaptant à une variété de cadres de données. Voici les principaux types :

- **Régression linéaire :** en tant que type le plus simple, elle suppose une relation linéaire entre les variables dépendantes et indépendantes. Il calcule la droite de meilleur ajustement en utilisant la méthode des moindres carrés.
- **Régression multiple :** lorsque vous disposez de plusieurs variables indépendantes, vous pouvez utiliser le modèle de régression multiple pour prédire la variable dépendante.

- **Régression logistique :** utilisée spécifiquement lorsque la variable dépendante est binaire ou catégorique, telle que « oui » ou « non ».
- **Régression polynomiale :** utilisée lorsque la puissance d'une variable indépendante est supérieure à 1. Elle fournit une ligne courbe à engager sur les points de données.

Analyse de régression et analyse prédictive

Dans le domaine de l'analyse prédictive, l'analyse de régression est inestimable. Il permet non seulement de prédire des variables importantes, mais offre également la possibilité de créer des informations exploitables basées sur les données.

Par exemple, une entreprise de commerce électronique peut utiliser l'analyse de régression pour prédire les ventes futures sur la base de points de données tels que l'historique des ventes, le trafic du site Web et l'efficacité des campagnes marketing. De même, un institut de santé pourrait l'utiliser pour évaluer les taux de réadmission des patients en fonction des modèles d'admission antérieurs, des données démographiques des patients et des protocoles de traitement.

Les modèles de régression peuvent également être utilisés pour prédire les indicateurs opérationnels clés, les tendances commerciales, les prévisions financières et pour planifier une allocation efficace des ressources. De plus, il complète les systèmes d'apprentissage automatique avec des capacités prédictives améliorées.

Limites et mises en garde

Cependant, aussi puissante soit-elle, l'analyse de régression comporte certaines mises en garde. L'exactitude des résultats dépend de la qualité des données utilisées : s'il existe des biais ou une asymétrie dans les données, cela peut conduire à des prédictions incorrectes. L'utilisation correcte de l'analyse de régression implique également des vérifications de la pertinence, de la signification et de l'adéquation.

De plus, il est essentiel de noter que l'analyse de régression suit directement l'adage « la corrélation n'implique pas la causalité ». Bien qu'il puisse être utilisé pour identifier des corrélations et des relations, il ne fournit pas la preuve d'une relation causale entre les variables indépendantes et dépendantes.

Conclusion

Malgré ces mises en garde, l'analyse de régression fait partie intégrante de l'analyse prédictive. Utilisé judicieusement, il peut fournir des informations précieuses sur les interdépendances complexes des variables, permettant aux organisations de prédire les résultats futurs et de prendre des décisions plus éclairées.

3.1 Analyse de régression : prédire les résultats continus

L'analyse de régression est l'une des techniques statistiques les plus couramment utilisées en analyse prédictive. Les modèles de régression sont utilisés pour prédire une variable dépendante continue ou catégorielle basée sur une ou plusieurs variables indépendantes. La puissance de calcul des modèles de régression repose sur l'établissement de la relation entre les prédicteurs (variables indépendantes) et le résultat (variable dépendante), afin de faire des prédictions sur des données invisibles.

Régression linéaire

La régression linéaire est un type courant d'analyse de régression qui quantifie la relation entre une variable dépendante continue et une (régression linéaire simple) ou plusieurs variables indépendantes (régression linéaire multivariée). Le terme « linéaire » fait référence à la relation entre les variables indépendantes et dépendantes, qui est représentée par une ligne droite dans un nuage de points. L'objectif est d'estimer les coefficients de l'équation mathématique pour minimiser la différence entre les valeurs réelles et prédites.

Régression logistique

La régression logistique, un type de régression binomiale, est une autre méthode populaire utilisée dans l'analyse prédictive. Le résultat est une probabilité que le point d'entrée donné appartienne à une certaine classe. En d'autres termes, il mesure la relation entre une variable dépendante catégorielle et une ou plusieurs variables indépendantes en estimant les probabilités à l'aide d'une fonction logistique. L'un des principaux avantages de la régression logistique est qu'elle fournit des probabilités et qu'elle s'adapte à la classification multiclasse.

Régression polynomiale

La régression polynomiale est une forme d'analyse de régression dans laquelle la relation entre la variable indépendante et la variable dépendante est modélisée sous la forme d'un polynôme du nième degré. Cela peut modéliser des relations entre des variables qui ne sont pas linéaires et peuvent s'adapter aux données.

Un bon modèle d'analyse prédictive doit non seulement bien s'adapter aux données historiques, mais également prédire avec précision les événements futurs. Une analyse de régression adéquate ne doit pas se limiter à la création du modèle, mais également à son test et à sa validation pour garantir une prévision robuste et fiable.

3.2 Modèles de séries chronologiques : projeter l'avenir

L'analyse des séries chronologiques implique le développement de modèles qui prédisent les valeurs futures sur la base de valeurs observées précédemment. Ces méthodes sont principalement utilisées dans les prévisions financières et économiques, mais également dans les domaines de l'ingénierie, de la géophysique et des neurosciences. Certaines des méthodes d'analyse de séries chronologiques les plus populaires incluent la moyenne mobile intégrée autorégressive (ARIMA) et le lissage exponentiel.

ARIMA

ARIMA, abréviation de « AutoRegressive Integrated Moving Average », est en fait une classe de modèles qui « expliquent » une série temporelle donnée en fonction de ses propres valeurs passées, c'est-à-dire de ses propres décalages, des erreurs de prévision décalées et de la tendance du temps. série. Il s'agit d'une extension de la moyenne mobile autorégressive plus simple et ajoute la notion d'intégration.

Lissage exponentiel

Les méthodes de lissage exponentiel sont des méthodes de prévision de séries chronologiques pour les données univariées qui utilisent un poids décroissant exponentiellement pour les observations passées. Cette méthode consiste à calculer la moyenne mobile où les poids diminuent de façon exponentielle. Cela donne plus d'importance aux observations récentes sans pour autant éliminer complètement les observations plus anciennes.

3.3 Apprentissage automatique : où l'analyse prédictive rencontre l'IA

L'apprentissage automatique est l'épine dorsale de l'analyse prédictive, aidant à comprendre les modèles dans de vastes ensembles de données et à prédire le comportement futur des données. Dans le contexte de l'analyse prédictive, les algorithmes d'apprentissage automatique sont classés en apprentissage supervisé et non supervisé.

Enseignement supervisé

Dans l'apprentissage supervisé, un algorithme apprend à partir de données d'entraînement étiquetées et fait des prédictions basées sur ces données. Une tâche typique d'apprentissage supervisé est la classification, où l'algorithme catégorise les données dans un ensemble prédéfini de classes. Une autre tâche est la régression, visant à prédire un résultat numérique.

Apprentissage non supervisé

L'apprentissage non supervisé, quant à lui, implique la formation d'un algorithme sans information préalable sur les données. Cet algorithme classe les données en clusters. La méthode d'apprentissage non supervisée la plus courante est l'analyse groupée, qui est utilisée pour l'analyse exploratoire des données afin de trouver des modèles cachés ou un regroupement de données.

Des k-voisins les plus proches aux machines à vecteurs de support, et des arbres de décision aux réseaux de neurones, chaque algorithme d'apprentissage automatique a ses forces et ses faiblesses, et cela dépend en grande partie du type de données et du problème commercial à résoudre.

L'analyse prédictive est un vaste domaine avec diverses méthodes et modèles. Ces outils et concepts ne sont que des instruments au service de l'objectif final : tirer parti des modèles passés pour acquérir une compréhension approfondie afin de prendre de meilleures décisions concernant l'avenir.

IV. La puissance de l'analyse prédictive : un aperçu

1. Comprendre l'analyse prédictive

L'analyse prédictive est une branche de l'analyse avancée qui utilise des données, des algorithmes statistiques et des techniques d'apprentissage automatique pour identifier la probabilité de résultats futurs potentiels sur la base de données historiques. L'objectif est d'aller au-delà des informations sur ce qui s'est passé dans le passé pour fournir la meilleure approximation de ce qui se passera dans un avenir proche. Cet outil puissant rassemble deux techniques d'analyse de données distinctes mais interconnectées : la modélisation prédictive et l'apprentissage automatique.

2. L'essence de l'analyse prédictive

L'essence de l'analyse prédictive repose en grande partie sur la capture des relations entre les variables descriptives et les variables prédites d'événements précédents, et sur leur exploitation pour prédire les résultats futurs. Ce processus est bénéfique dans un large éventail de domaines, notamment le marketing Internet, les services financiers, les assurances, les télécommunications, les voyages, les soins de santé, les produits pharmaceutiques, la vente au détail et les médias sociaux.

3. Processus d'analyse prédictive

Le processus d'analyse prédictive est une série d'étapes qui englobent des données structurées et non structurées via divers algorithmes statistiques, de modélisation et d'apprentissage automatique pour prévoir les événements futurs. Le processus commence par la définition du projet suivi de la collecte de données. Plus tard, les données sont soumises à une analyse et transformées en un modèle prédictif grâce à des techniques telles que la régression et les arbres de décision. Ce modèle est ensuite déployé et surveillé périodiquement pour garantir qu'il fonctionne comme prévu.

4. Techniques d'analyse prédictive

Plusieurs techniques sont utilisées dans l'analyse prédictive ; ceux-ci incluent l'apprentissage automatique (ML), les réseaux de neurones artificiels (ANN), les arbres de décision, la régression, l'analyse des séries chronologiques et autres. Chaque technique offre des avantages uniques et est adaptée à des types de tâches spécifiques, allant des méthodes de vote à la modélisation prédictive non linéaire.

5. Avantages de l'analyse prédictive

L'analyse prédictive présente de nombreux avantages. Pour les entreprises, cela aide à améliorer les campagnes de marketing, à développer de meilleurs produits et à améliorer les opérations. Il aide à détecter et à prévenir les risques dans des secteurs tels que la cybersécurité et la gestion de la fraude. Il joue même un rôle central dans les soins de santé et les sciences de la vie en aidant les médecins à prédire la probabilité de maladies, en améliorant les soins aux patients et en facilitant la découverte de médicaments.

6. L'impact du Big Data sur l'analyse prédictive

Les énormes volumes de données générés sur plusieurs plateformes ont nécessité des progrès en matière d'analyse prédictive. Le Big Data, avec ses trois éléments fondamentaux – volume, vélocité et variété – fournit une riche source d'entrée pour l'analyse prédictive, permettant des informations approfondies pour la prise de décision.

7. Analyse prédictive et business intelligence

La fusion d'outils d'analyse prédictive et de Business Intelligence (BI) aide les organisations à exploiter leurs données pour une prise de décision plus éclairée. En appliquant des outils de BI aux modèles prédictifs, les entreprises peuvent visualiser les données, suivre les indicateurs de performance clés et générer des rapports pour rationaliser les opérations et augmenter la rentabilité.

8. Défis et limites de l'analyse prédictive

Malgré ses nombreux avantages, l'analyse prédictive n'est pas sans limites. L'exactitude des résultats dépend fortement de la qualité des données. Une mauvaise interprétation des données peut conduire à des prédictions erronées. De plus, préserver la confidentialité des données et garantir la conformité réglementaire posent également des défis importants.

9. L'avenir de l'analyse prédictive

L'avenir de l'analyse prédictive est prometteur. L'intégration de l'IA et du ML rendra les modèles prédictifs plus précis. Les applications en temps réel de l'analyse prédictive devraient se multiplier, permettant une prise de décision et des actions instantanées.

À l'ère des décisions fondées sur les données, l'exploitation de la puissance de l'analyse prédictive permet aux organisations de se projeter vers l'avenir et de prendre des décisions proactives, fondées sur les données, qui mènent au succès.

IV.1 Comprendre l'analyse prédictive

L'analyse prédictive consiste à extraire des informations d'ensembles de données existants afin de prévoir les probabilités et les tendances futures. Il s'agit d'une technique statistique qui comprend un assortiment d'algorithmes statistiques, de techniques d'apprentissage automatique et de méthodes analytiques pour identifier la probabilité de résultats futurs sur la base des données.

L'analyse prédictive s'articule autour du concept d'exploitation de la puissance des données sous des formes qualitatives et quantitatives. Pour ce faire, il identifie des modèles et des associations cohérents dans les données historiques et transactionnelles afin de les convertir en décisions exploitables. Contrairement à l'analyse traditionnelle, qui fournit uniquement un aperçu de ce qui s'est passé, l'analyse prédictive nous permet d'anticiper l'avenir et de prendre des décisions éclairées.

IV.2 Applications de l'analyse prédictive

L'analyse prédictive a un large éventail d'applications dans divers secteurs.

- **Marketing :** les entreprises utilisent des modèles prédictifs pour prévoir le comportement et les préférences des clients. Il aide à planifier des stratégies de marketing efficaces, à améliorer l'acquisition, les ventes croisées et la fidélisation.
- **Finance et assurance :** ils l'utilisent pour identifier les transactions frauduleuses et évaluer les risques liés à la souscription de prêts. Il facilite la gestion des risques en prédisant le risque probable de défaillance d'un client.
- **Soins de santé :** l'analyse prédictive peut estimer la probabilité que les patients tombent malades et prédire les réadmissions à l'hôpital.
- **Fabrication :** les modèles prédictifs peuvent projeter les besoins en stocks et prédire les pannes de machines avant qu'elles ne surviennent.

Ces applications ne sont que la pointe de l'iceberg. L'analyse prédictive a un potentiel illimité dans tout domaine traitant de grandes quantités de données, qui connaît une croissance exponentielle de nos jours.

IV.3 Le processus d'analyse prédictive

Le processus d'analyse prédictive peut être décomposé en plusieurs étapes fondamentales :

1. Définir le projet : La première étape consiste à définir le projet avec un objectif clair, une portée du projet et à identifier les sources de données.

2. Collecte de données : cela comprend la collecte de données pertinentes provenant de diverses sources, qui peuvent inclure des entrepôts de données, des données cloud ou des flux directs.

3. Analyse des données : au cours de cette étape, les données collectées sont analysées statistiquement pour détecter les tendances, les relations et les modèles qui peuvent être utiles pour la modélisation prédictive.

4. Construction de modèles : des algorithmes sont créés pour prédire les tendances futures à l'aide des données interprétées.

5. Vérification et validation : Le modèle est ensuite testé et validé par rapport aux résultats connus pour évaluer son exactitude et son efficacité.

6. Déploiement : le modèle validé est ensuite déployé pour prédire les résultats en temps réel ou futurs.

7. Surveillance : les performances du modèle sont constamment surveillées pour garantir qu'il fournit les résultats attendus.

IV.4 Puissance de l'analyse prédictive

L'analyse prédictive a révolutionné les processus de prise de décision dans les entreprises. Cela a rendu inefficaces les approximations, ouvrant la voie à des décisions fondées sur des données. De la prévision des ventes à la maintenance prédictive, elle a été utilisée pour optimiser différents processus.

Grâce à la puissance de l'analyse prédictive, les entreprises peuvent prévoir les tendances futures des ventes, comprendre les comportements des clients, rationaliser les opérations, réduire les risques, améliorer les stratégies marketing et offrir un meilleur service. Il permet aux entreprises de devenir proactives, tournées vers l'avenir et orientées vers la performance.

Cependant, aussi puissante que puisse être l'analyse prédictive, elle n'annule pas le jugement humain mais le renforce en fournissant des informations meilleures et plus précises. Il est important de comprendre que même la prévision la plus précise ne constitue pas une garantie mais une estimation bien calibrée.

IV.5 L'avenir de l'analyse prédictive

L'analyse prédictive se développe à un rythme rapide grâce aux progrès des technologies telles que l'IA, l'apprentissage automatique et le Big Data. L'avenir de l'analyse prédictive semble prometteur, car les entreprises utilisent de plus en plus les données pour orienter leurs stratégies et prendre des décisions éclairées. À mesure que de plus en plus de secteurs comprennent l'importance de l'analyse prédictive, la gamme de ses applications devrait s'élargir, ce qui en fera un outil indispensable dans un monde alimenté par les données.

N'oubliez pas que l'analyse prédictive n'est pas une boule de cristal magique garantissant les résultats futurs, mais qu'elle positionne sans aucun doute les entreprises dans une meilleure position face aux incertitudes futures en réduisant les risques et en permettant une prise de décision efficace.

Les bases et l'importance de l'analyse prédictive

L'analyse prédictive est une méthode analytique avancée et dynamique. Contrairement à l'analyse de données traditionnelle qui analyse les données historiques, l'analyse prédictive adopte une approche proactive et s'appuie sur les mêmes données pour prédire des événements futurs inconnus. Cette approche offre des possibilités remarquables aux entreprises, car elles peuvent utiliser ces prédictions pour prendre de meilleures décisions, créer des stratégies proactives et acquérir un avantage concurrentiel.

L'analyse prédictive s'appuie fortement sur diverses techniques telles que l'exploration de données, les statistiques, l'apprentissage automatique et l'intelligence artificielle pour passer au crible les données actuelles et historiques et prédire ce qui est susceptible de se produire dans le futur. Ce faisant, il permet aux parties prenantes de visualiser les tendances et les comportements futurs, ce qui pourrait être crucial dans un scénario commercial. Les utilisations potentielles de l'analyse prédictive s'étendent à de nombreux secteurs tels que la santé, la vente au détail, la finance et l'administration publique, entre autres.

Éléments clés de l'analyse prédictive

L'analyse prédictive est un processus complexe qui nécessite une série d'étapes différentes mais interconnectées. Au cœur de tout cela, les éléments suivants jouent un rôle essentiel :

1. **Collecte de données :** l'exactitude et la fiabilité des prévisions dépendent fortement de la qualité et de la quantité des données disponibles. Les entreprises doivent collecter autant de données pertinentes que possible.
2. **Analyse des données :** ce processus analyse et évalue les données collectées, identifiant les modèles, les relations et les tendances qui pourraient exister dans les données.
3. **Analyse statistique :** Dans cette étape, les mathématiciens appliquent des algorithmes statistiques aux données pour identifier les différentes variables qu'elles contiennent.
4. **Modélisation :** L'analyse statistique conduit à la création de modèles qui reflètent le comportement futur potentiel d'un ensemble de données.
5. **Déploiement :** les modèles sont utilisés avec de nouvelles données pour faire des prédictions sur les tendances futures.
6. **Évaluation du modèle :** les modèles sont continuellement surveillés et mis à jour si nécessaire pour que les prévisions restent aussi précises que possible.

Exploiter la puissance de l'analyse prédictive

L'analyse prédictive offre aux entreprises un puissant potentiel pour stimuler la croissance des revenus et optimiser leurs opérations. Voici quelques-uns des avantages dont les entreprises peuvent tirer parti en intégrant l'analyse prédictive dans leurs stratégies :

1. **Améliorer la prise de décision** : les modèles prédictifs aident les entreprises à prendre des décisions éclairées, basées sur des données pertinentes et précises. Cette approche améliore le processus de prise de décision en réduisant les incertitudes et les incertitudes.

2. **Anticiper les tendances et les comportements** : cela permet aux entreprises d'être proactives plutôt que réactives en anticipant les tendances du marché, le comportement d'achat des consommateurs et en prévoyant les risques ou opportunités potentiels.

3. **Améliorer l'efficacité opérationnelle** : l'analyse prédictive peut aider à optimiser diverses opérations commerciales telles que la gestion des stocks, la logistique ou la main-d'œuvre. En prévoyant les tendances futures de la demande ou de l'offre, les entreprises peuvent gérer les ressources plus efficacement.

4. **Améliorer les campagnes marketing** : les spécialistes du marketing peuvent tirer parti de l'analyse prédictive pour mieux comprendre le comportement et les préférences des clients, leur permettant ainsi de créer des campagnes marketing personnalisées plus susceptibles de générer des taux de conversion élevés.

5. **Atténuation des risques** : les institutions financières peuvent utiliser l'analyse prédictive pour évaluer les risques de crédit ou la probabilité de défaut de paiement d'un client, améliorant ainsi leurs capacités de gestion des risques.

En conclusion, l'analyse prédictive offre aux entreprises de nombreuses possibilités pour atteindre leurs objectifs et garder une longueur d'avance sur le marché. En transformant les données en informations prédictives, ils peuvent générer une croissance et une valeur imprévisibles. Malgré sa complexité, les nombreux avantages qu'elle offre en font un choix plus judicieux, faisant de l'analyse prédictive un outil par excellence dans le paysage commercial actuel. À mesure que de plus en plus d'entreprises exploitent la puissance de l'analyse prédictive, nous pouvons nous attendre à des transformations radicales dans divers secteurs.

IV.1 Comprendre l'essence de l'analyse prédictive

L'analyse prédictive est une branche de l'analyse avancée qui exploite une multitude d'outils technologiques et de techniques statistiques, tels que l'apprentissage automatique et la modélisation prédictive, pour faire des prédictions sur des événements futurs inconnus dans un domaine donné. L'objectif de l'analyse prédictive n'est pas seulement de comprendre ce qui s'est passé ou ce qui se passe actuellement, mais, plus important encore, de prévoir ce qui pourrait arriver ensuite.

L'analyse prédictive repose sur trois piliers importants : les données, les algorithmes statistiques et les techniques d'apprentissage automatique. Il passe au crible d'énormes quantités de données, provenant de diverses sources telles que des données actuelles et historiques, et les combine avec des algorithmes statistiques et des techniques d'apprentissage automatique pour identifier les probabilités de résultats futurs. Une fois déchiffrées, les prédictions basées sur les données permettent aux organisations de valider des hypothèses ou de poser de nouvelles questions sur l'avenir, contribuant ainsi à la prise de décision et à l'élaboration de stratégies proactives.

Le véritable pouvoir de l'analyse prédictive réside dans sa capacité à fournir des informations exploitables basées sur des données. En tirant parti de l'analyse prédictive, les organisations peuvent anticiper les tendances émergentes, prédire le comportement des utilisateurs, estimer les risques potentiels et obtenir des informations permettant de piloter leurs stratégies commerciales, favorisant ainsi une approche tournée vers l'avenir. Notamment, l'analyse prédictive identifie non seulement les possibilités, mais identifie également le niveau de certitude de ses prédictions, permettant ainsi aux organisations de prendre des décisions plus éclairées et fondées sur les données.

IV.2 Portée et impact de l'analyse prédictive

L'analyse prédictive est largement applicable dans plusieurs secteurs industriels, notamment la santé, la finance, la vente au détail, les voyages, les télécommunications, l'énergie, etc., façonnant stratégiquement leurs opérations et leurs processus décisionnels.

Dans le domaine des soins de santé, par exemple, l'analyse prédictive peut être utilisée pour prédire les épidémies et les réadmissions de patients, permettant ainsi une meilleure planification et administration des soins de santé. De même, dans la finance et la vente au détail, les organisations utilisent l'analyse prédictive pour évaluer les habitudes d'achat des consommateurs, prévoir la demande, minimiser les risques et améliorer l'expérience client.

Outre l'optimisation opérationnelle, l'analyse prédictive joue un rôle déterminant dans l'identification des risques et de la fraude. Grâce à la détection des anomalies et à l'analyse du réseau, il peut détecter les irrégularités, les schémas inhabituels ou les activités suspectes, offrant ainsi des avantages essentiels dans des secteurs tels que la banque, l'assurance, la cybersécurité et même les entités gouvernementales.

De plus, l'analyse prédictive joue également un rôle clé dans la gestion des ressources. En prévoyant la demande, les organisations peuvent optimiser leurs stocks, réduisant ainsi considérablement les coûts. De même, dans la gestion des ressources humaines, l'analyse prédictive aide à identifier les caractéristiques des employés qui réussissent, permettant ainsi un recrutement plus intelligent et plus efficace.

IV.3 L'évolution de l'analyse prédictive

La portée de l'analyse prédictive s'est considérablement élargie avec l'avènement du Big Data et l'amélioration des technologies de traitement. Aujourd'hui, l'analyse prédictive fait partie d'un système plus vaste : la Business Intelligence (BI). Associée à l'analyse descriptive et prescriptive, l'analyse prédictive offre aux organisations une compréhension à 360 degrés de leurs opérations et de leur environnement commercial, façonnant ainsi un modèle commercial centré sur les données.

À l'avenir, l'intégration croissante de l'intelligence artificielle (IA) et de l'apprentissage automatique (ML) devrait encore améliorer la précision et la rapidité des prédictions, renforçant ainsi le rôle de l'analyse prédictive dans la prise de décision et la planification stratégique.

IV.4 Défis et avenir de l'analyse prédictive

Si l'analyse prédictive offre de nombreux avantages, elle présente également des défis, tels que la confidentialité et la sécurité des données, la qualité et l'intégration des données, ainsi que la mise en œuvre des résultats. La résolution de ces problèmes nécessite une planification stratégique et un changement de culture d'entreprise.

Néanmoins, l'avenir de l'analyse prédictive semble prometteur. À mesure que les organisations continuent de s'aventurer plus profondément dans l'univers axé sur les données, le recours à l'analyse prédictive va sans aucun doute s'intensifier. Des avancées technologiques plus audacieuses dans des domaines tels que l'IA, le ML et le cloud computing continueront d'enrichir l'analyse prédictive, en faisant la pierre angulaire des modèles commerciaux futuristes centrés sur les données et de la société dans son ensemble.

IV.1 Comprendre l'analyse prédictive

L'analyse prédictive est une méthode qui utilise des algorithmes statistiques et des techniques d'apprentissage automatique pour évaluer les données historiques, prédire les résultats futurs et comprendre les tendances futures potentielles. Il s'agit d'un aspect de l'analyse de données visant à faire des prédictions sur des événements futurs invisibles ou non observés.

Cette approche repose sur la capture des relations entre les variables explicatives et les variables métriques prises en compte pour les prédictions futures. Ces captures se font grâce à l'utilisation de modèles construits à partir de données historiques. Une fois qu'un modèle prédictif est construit, il peut être appliqué aux données actuelles pour prédire ce qui se passera ensuite.

L'analyse prédictive peut apporter d'immenses avantages dans des secteurs variés, allant de la santé et du marketing à la finance et à la vente au détail. Ils permettent aux organisations de créer des prévisions qui peuvent les aider à façonner leurs actions et décisions stratégiques.

IV.1.1 Les quatre étapes de l'analyse prédictive

1. **Collecte de données :** il s'agit du processus de collecte de données brutes provenant de diverses sources, qui peuvent inclure des bases de données, des entrepôts de données ou des sources tierces externes. Ces données brutes jettent les bases d'analyses et de prévisions plus approfondies.
2. **Analyse des données :** une fois les données collectées, l'étape suivante consiste à nettoyer, traiter et analyser les données. L'objectif est de découvrir des modèles ou des tendances qui pourraient fournir des informations utiles sur les résultats futurs.
3. **Analyse statistique :** Cette troisième étape consiste à créer un modèle prédictif basé sur les données collectées et analysées. Il utilise des algorithmes, des probabilités et des méthodes statistiques pour développer un modèle pouvant être utilisé pour faire des prédictions.
4. **Modélisation prédictive :** la dernière étape de l'analyse prédictive consiste à utiliser le modèle prédictif pour faire des prédictions sur les résultats futurs. Ce processus aide les organisations à prendre des décisions commerciales éclairées.

IV.1.2 Outils et techniques utilisés en analyse prédictive

Plusieurs outils sont utilisés dans l'analyse prédictive pour traiter de grandes quantités de données et des algorithmes complexes. Les plates-formes logicielles telles que R, Python, SPSS et SAS offrent des fonctionnalités de manipulation des données, de visualisation et de mise en œuvre d'algorithmes nécessaires à l'analyse prédictive.

De plus, les techniques utilisées dans l'analyse prédictive comprennent les régressions linéaires, les régressions logistiques, les arbres de décision et les réseaux neuronaux. La nature des données, le secteur d'activité et l'objectif de la prédiction déterminent le choix de ces techniques.

IV.1.3 Applications de l'analyse prédictive

Son potentiel s'étend à un large éventail d'industries où des données riches sont produites. Par exemple, dans le domaine de la santé, l'analyse prédictive pourrait permettre un diagnostic et un traitement précoces des maladies. En finance, cela pourrait aider à prédire les mouvements du cours des actions ou à évaluer le risque de crédit.

Le secteur de la vente au détail l'utilise pour prédire le comportement des clients et adapter ses stratégies pour stimuler les ventes. L'industrie du marketing l'utilise pour prédire l'efficacité des campagnes marketing et apporter les modifications nécessaires pour améliorer les résultats.

Malgré les défis liés à la qualité des données et aux compétences requises pour interpréter et utiliser efficacement les données, avec les bons outils et un personnel qualifié, l'analyse prédictive peut fournir des informations clés qui peuvent faire progresser une entreprise. Il s'agit d'un outil puissant qui a remodelé plusieurs secteurs et, avec l'avènement du Big Data et des algorithmes plus avancés, il continue d'étendre son domaine d'influence.

71

Il est important de se rappeler, cependant, que l'analyse prédictive ne consiste pas à prédire le « futur », mais à estimer les résultats potentiels. Son objectif n'est pas de fournir des prédictions absolues et déterministes mais de donner aux utilisateurs suffisamment d'informations pour évaluer quelle devrait être leur prochaine action. Cela réduit le domaine de l'incertitude, permettant ainsi aux entreprises de manœuvrer judicieusement et de capitaliser sur les opportunités futures.

V. Rôle de l'analyse prédictive dans diverses industries

5.1 L'impact de l'analyse prédictive dans le secteur de la santé

L'analyse prédictive joue un rôle de plus en plus important dans le secteur de la santé, aidant les prestataires à prédire les résultats pour les patients, à gérer les traitements et à prendre des décisions plus éclairées. Elle est appliquée dans un large éventail de domaines, notamment la gestion des maladies, la gestion des hôpitaux, la satisfaction des patients et l'élaboration des politiques de santé.

Les prestataires de soins de santé utilisent l'analyse prédictive pour identifier les personnes à risque de maladies chroniques comme le diabète et les maladies cardiaques. Ils utilisent les données collectées à partir des dossiers de santé électroniques, des tests de laboratoire et des examens physiques pour prévoir les risques de maladie individuels. En conséquence, les médecins peuvent intervenir tôt et prendre des mesures préventives, améliorant ainsi l'état de santé des patients et réduisant les coûts des soins de santé.

De plus, l'analyse prédictive est également utilisée dans la gestion hospitalière. Il permet de prédire les taux d'admission des patients, permettant ainsi aux hôpitaux d'optimiser l'affectation du personnel, de réduire le temps d'attente des patients et d'améliorer la prestation des soins de santé. Cela permet également de prévoir la réadmission des patients, ce qui est crucial pour la planification des ressources et la réduction des pénalités de réadmission à l'hôpital.

En outre, les établissements de santé utilisent également l'analyse prédictive pour améliorer la satisfaction des patients. Ils analysent les enquêtes de satisfaction des patients, les avis en ligne et les publications sur les réseaux sociaux pour identifier les facteurs qui contribuent à la satisfaction des patients. En s'attaquant aux problèmes qui suscitent l'insatisfaction, les prestataires de soins de santé peuvent améliorer l'expérience des patients et favoriser leur fidélité.

L'analyse prédictive joue également un rôle crucial dans l'élaboration des politiques de santé. Les décideurs politiques utilisent des modèles prédictifs pour estimer l'effet des changements politiques sur la prestation et les résultats des soins de santé, les aidant ainsi à prendre de meilleures décisions en matière de soins de santé. Ils peuvent évaluer le rapport coût-efficacité de différentes interventions de soins de santé et concevoir des politiques qui maximisent les avantages des soins de santé et minimisent les coûts.

5.2 Alimenter les services financiers avec l'analyse prédictive

L'analyse prédictive a également changé la donne dans le secteur des services financiers. De la prévision des tendances du marché à la gestion des risques, l'analyse prédictive offre un avantage concurrentiel aux institutions financières en les aidant à prendre des décisions fondées sur les données.

Les sociétés d'investissement utilisent l'analyse prédictive pour prévoir les tendances du marché. Ils analysent les données économiques, les mesures de performance des entreprises et les fils d'actualité pour prédire les cours des actions et prendre des décisions d'investissement. Aujourd'hui, de nombreuses entreprises utilisent des algorithmes de trading automatisés qui s'appuient sur des analyses prédictives pour exécuter des transactions en temps réel.

De plus, l'analyse prédictive est largement utilisée dans la notation de crédit. Les banques et les sociétés émettrices de cartes de crédit analysent l'historique financier d'un individu pour prédire sa probabilité de défaut. Les prévisions aident les entreprises à décider d'approuver ou non une demande de prêt et à fixer les taux d'intérêt.

La gestion des risques est un autre domaine dans lequel l'analyse prédictive est utilisée dans le secteur financier. Les institutions financières utilisent des modèles prédictifs pour prévoir les risques de portefeuille et concevoir des stratégies d'atténuation des risques appropriées. En assurance, l'analyse prédictive est utilisée pour calculer les primes d'assurance en fonction du profil de risque du demandeur, améliorant ainsi la rentabilité des polices d'assurance.

5.3 Analyse prédictive dans le commerce de détail et le commerce électronique

L'analyse prédictive a également remodelé le secteur de la vente au détail et du commerce électronique. Il aide les entreprises à prévoir la demande des consommateurs, à optimiser la chaîne d'approvisionnement, à personnaliser l'expérience client et à améliorer leur rentabilité.

Les détaillants utilisent l'analyse prédictive pour prévoir la demande des consommateurs pour différents produits. Ils analysent les données de ventes historiques, les tendances actuelles et les études de marché pour garantir des niveaux de stock optimaux. Grâce à une prévision précise de la demande, les détaillants peuvent éviter les ruptures de stock et les surstocks, réduisant ainsi les coûts de stocks et améliorant la satisfaction des clients.

L'analyse prédictive joue également un rôle essentiel dans la gestion de la chaîne d'approvisionnement. Il permet de prévoir les retards dans la chaîne d'approvisionnement et d'élaborer des plans d'urgence, garantissant des opérations rationalisées et des livraisons à temps.

De plus, l'analyse prédictive est utilisée pour personnaliser l'expérience client. Les détaillants analysent le comportement des clients, l'historique des achats et les commentaires pour prédire leurs préférences en matière de produits et leurs habitudes d'achat. Ils utilisent ensuite ces informations pour personnaliser les messages marketing et les recommandations de produits, améliorant ainsi l'engagement des clients et augmentant les ventes.

Enfin, l'analyse prédictive aide les détaillants à améliorer leur rentabilité. En analysant les données de vente, les coûts des produits et d'autres mesures financières, les détaillants peuvent prédire la rentabilité de différents produits et prendre des décisions de prix et de promotion basées sur les données, maximisant ainsi leur retour sur investissement.

5.4 Exploiter l'analyse prédictive dans le secteur manufacturier

L'adoption de l'analyse prédictive dans le secteur manufacturier a ouvert la voie à des progrès significatifs. Il permet aux fabricants de prédire les pannes de machines, d'optimiser les processus de production, de gérer la chaîne d'approvisionnement et de prendre des décisions commerciales éclairées.

La maintenance prédictive est l'une des applications clés de l'analyse prédictive dans le secteur manufacturier. Les fabricants analysent les données des capteurs des machines pour prédire les pannes d'équipement et planifier les activités de maintenance, réduisant ainsi les temps d'arrêt et les coûts de maintenance.

De plus, l'analyse prédictive permet d'optimiser le processus de fabrication. En analysant les données de production, les fabricants peuvent prévoir les résultats de production, identifier les goulots d'étranglement et améliorer l'efficacité. Cela peut également contribuer au contrôle qualité en prévoyant les défauts des produits et en permettant des actions correctives en temps opportun.

L'analyse prédictive est également utilisée dans la gestion de la chaîne d'approvisionnement. Les fabricants analysent les données historiques et les tendances actuelles pour prévoir l'offre et la demande, ce qui leur permet de gérer les stocks, de planifier la production et d'assurer des livraisons dans les délais.

Enfin, l'analyse prédictive facilite la prise de décision commerciale. Les fabricants peuvent analyser les données de vente, les tendances du marché et les mesures financières pour prendre des décisions sur le prix des produits, l'entrée sur le marché et l'expansion de leur activité.

5.5 L'analyse prédictive, moteur de l'avenir du secteur de l'éducation

L'analyse prédictive fait également des progrès dans le secteur de l'éducation. Qu'il s'agisse de prédire les performances des étudiants, d'améliorer le processus d'enseignement ou d'optimiser l'efficacité opérationnelle, cela transforme le fonctionnement du secteur éducatif.

Les établissements utilisent de plus en plus l'analyse prédictive pour prédire les performances des étudiants. En analysant l'assiduité des élèves, les mesures d'engagement et les données de performances passées, les enseignants peuvent identifier les élèves risquant de ne pas réussir ou d'abandonner leurs études. L'identification précoce permet une intervention rapide qui peut contribuer à améliorer les résultats des élèves et à réduire les taux d'abandon scolaire.

En outre, l'analyse prédictive est utilisée pour éclairer et améliorer les méthodologies d'enseignement. Par exemple, les enseignants peuvent utiliser les données pour comprendre quels styles et stratégies d'enseignement sont les plus efficaces et adapter leurs pratiques pédagogiques en conséquence, améliorant ainsi l'expérience d'apprentissage des élèves.

L'analyse prédictive facilite également les tâches opérationnelles telles que la rationalisation du processus d'admission. Les établissements peuvent utiliser des modèles prédictifs pour comprendre quels candidats sont susceptibles d'accepter les offres d'admission, garantissant ainsi une allocation efficace des ressources. De plus, la prévision des tendances en matière d'inscriptions peut aider les établissements à élaborer des stratégies pour les futures offres académiques et la planification des infrastructures.

En résumé, grâce à la puissance de l'analyse prédictive, ces divers secteurs exploitent les données pour prévoir les tendances futures, optimiser leurs opérations et prendre des décisions stratégiques. En exploitant la puissance de l'analyse prédictive, ces secteurs améliorent non seulement leur efficience et leur efficacité, mais acquièrent également un avantage concurrentiel sur le marché.

A. Soins de santé

L'analyse prédictive joue un rôle très important dans le secteur de la santé. Les professionnels de la santé utilisent l'analyse prédictive pour prédire les épidémies, guérir les maladies, améliorer la qualité de vie et éviter les décès évitables. Alors que le volume de données sur la santé augmente très rapidement, l'analyse prédictive peut aider à donner un sens à ces données et à fournir des informations exploitables.

L'analyse prédictive dans le domaine des soins de santé peut impliquer la prédiction des maladies, des patients qui sont sur le point de souffrir de tout type de maladie, la prédiction du moment où une maladie pourrait survenir, l'assistance à l'examen de la santé du patient, la décision concernant les processus cliniques et la surveillance régulière de la santé des patients. . Cette approche permet un diagnostic plus rapide de la maladie, de meilleurs résultats pour les patients, des traitements rentables et une meilleure qualité des soins.

Par exemple, en utilisant des données historiques sur la progression d'une maladie particulière chez des patients présentant une constitution génétique et un mode de vie similaires, les professionnels de la santé peuvent prédire l'évolution d'une maladie chez un nouveau patient. Ces informations peuvent être utilisées pour personnaliser le traitement de chaque patient, conduisant ainsi à de meilleurs résultats en matière de santé.

B. Vente au détail

Un autre secteur dans lequel l'analyse prédictive joue un rôle crucial est celui du commerce de détail. Les détaillants utilisent l'analyse prédictive pour mieux comprendre leurs clients, prédire leurs comportements, optimiser les prix, planifier et prévoir les stocks et gérer la chaîne d'approvisionnement.

Les détaillants utilisent l'analyse prédictive pour anticiper les besoins et les désirs de leurs clients et personnaliser leur expérience dans le but d'augmenter les ventes et la fidélité des consommateurs. Par exemple, l'analyse prédictive peut être utilisée pour analyser les achats passés et le comportement de navigation d'un client afin de lui recommander des produits susceptibles de l'intéresser.

De plus, l'analyse prédictive permet aux détaillants d'optimiser leurs stocks en prédisant avec précision la demande de divers produits à différents moments. Cela a conduit à moins de ruptures de stock et de surstocks, réduisant ainsi les coûts et augmentant la satisfaction des clients.

C. Finances et banque

Dans le secteur bancaire et financier, l'analyse prédictive est déployée dans l'évaluation des risques, la détection des fraudes, le marketing, la fidélisation de la clientèle et sert à améliorer l'expérience client globale. Les banques utilisent des modèles prédictifs pour prédire la probabilité de défaut de paiement de prêts individuels et déterminer votre score de risque de crédit. Les banques mettent également en œuvre des analyses prédictives dans leurs flux de travail pour détecter les comportements inhabituels pouvant indiquer une activité frauduleuse.

Les sociétés d'investissement utilisent fréquemment l'analyse prédictive pour prévoir les tendances du marché et éclairer leurs stratégies d'investissement. En analysant les données historiques du marché, les entreprises peuvent faire des prévisions éclairées sur les mouvements futurs du marché et ajuster leurs stratégies d'investissement en conséquence.

D. Fabrication

Les entreprises manufacturières utilisent l'analyse prédictive pour prévoir la demande, planifier la production, l'efficacité opérationnelle, réduire les coûts, gérer les chaînes d'approvisionnement et maintenir la qualité.

La maintenance prédictive est également une application majeure de l'analyse prédictive dans le secteur manufacturier. Les entreprises peuvent prédire quand un équipement est susceptible de tomber en panne et effectuer une maintenance à l'avance pour éviter des temps d'arrêt coûteux.

E. Télécommunications

Dans le secteur des télécommunications, l'analyse prédictive facilite la segmentation des clients, la réduction du taux de désabonnement des clients, la maintenance prédictive, l'optimisation de la qualité du réseau et l'amélioration de l'expérience client.

Dans le but de réduire le taux de désabonnement, les entreprises de télécommunications peuvent prédire quels clients sont susceptibles de passer à un autre opérateur afin de prendre des mesures proactives pour fidéliser ces clients. En outre, la demande attendue peut être prévue, ce qui conduit à une planification intelligente de la capacité et à une optimisation du réseau.

F. Énergie et services publics

L'analyse prédictive a également fait des progrès significatifs dans le secteur de l'énergie. Les sociétés énergétiques utilisent ces outils pour prévoir la demande, optimiser les performances du réseau, prévoir les pannes d'équipement et prendre des décisions éclairées concernant la production d'énergie.

L'analyse prédictive permet aux services publics de gérer leurs ressources plus efficacement en prédisant les modèles de consommation. Cela peut également aider à identifier les problèmes potentiels avant qu'une panne ne se produise, réduisant ainsi les temps d'arrêt et les coûts de maintenance.

Chacune de ces industries présente un ensemble unique de défis que l'analyse prédictive peut résoudre. Ainsi, le potentiel de l'analyse prédictive pour améliorer la prise de décision, réduire les coûts et optimiser les performances est immense et les industries de tous bords peuvent en bénéficier. La clé pour exploiter la puissance de l'analyse prédictive réside dans la compréhension des questions à poser, des données à utiliser et de la manière d'interpréter les résultats.

L'analyse prédictive dans les soins de santé : une approche révolutionnaire

Le secteur de la santé représente l'un des secteurs les plus vitaux dans lequel l'analyse prédictive peut jouer un rôle révolutionnaire. Les quantités massives de données générées dans le domaine des soins de santé – depuis les dossiers des patients jusqu'aux informations génétiques complexes – présentent un énorme potentiel pour l'analyse prédictive.

Soins améliorés aux patients

Premièrement, l'analyse prédictive peut améliorer considérablement les soins aux patients. Il peut aider les cliniciens à prédire les facteurs de risque de maladies, permettant ainsi des interventions plus précoces susceptibles de prévenir de graves problèmes de santé. Par exemple, en analysant les antécédents médicaux, les habitudes de vie et les facteurs génétiques d'un patient, un algorithme pourrait prédire sa probabilité de développer une maladie chronique, comme le diabète ou une maladie cardiaque. Forts de ces connaissances, les médecins peuvent adapter les mesures préventives et les traitements aux besoins individuels du patient, depuis la recommandation de modifications du mode de vie jusqu'au démarrage de traitements pharmaceutiques.

Efficacité opérationnelle améliorée

L'optimisation de l'efficacité opérationnelle est un autre avantage que les établissements de santé peuvent tirer de l'analyse prédictive. Les hôpitaux génèrent une grande quantité de données à partir de leurs activités opérationnelles, telles que les taux d'admission des patients, l'utilisation des équipements, les horaires du personnel et leurs chaînes d'approvisionnement. L'analyse de ces données peut révéler des modèles et des tendances qui peuvent aider les administrateurs à améliorer l'allocation des ressources, à réduire le gaspillage, à accroître la satisfaction des patients et, en fin de compte, à accroître l'efficacité globale du système de santé.

Prise de décision éclairée

De plus, l'analyse prédictive peut guider les décideurs et les administrateurs des soins de santé dans la prise de décisions éclairées. En prédisant les tendances futures en matière de soins de santé, notamment les épidémies et la demande de soins de santé, les décideurs politiques peuvent se préparer de manière adéquate à ces scénarios et créer des stratégies efficaces. Par exemple, pendant la pandémie de COVID-19, l'analyse prédictive a été utilisée pour prévoir les taux d'infection, ce qui a guidé les décisions concernant les mesures de confinement, l'allocation des ressources hospitalières et la distribution des vaccins.

Développement de médicaments et médecine personnalisée

De plus, l'analyse prédictive peut transformer le secteur pharmaceutique en rationalisant le développement de médicaments et en ouvrant la voie à une médecine personnalisée. Grâce à l'analyse des données des essais cliniques, la durée, le coût et le taux de réussite du développement de nouveaux médicaments peuvent être considérablement améliorés. Parallèlement, en examinant les informations génétiques des patients et leurs réponses à certains médicaments, des traitements personnalisés présentant les plus grandes chances de succès peuvent être établis, minimisant ainsi les effets secondaires et améliorant les taux de survie.

Prédictions en matière de santé mentale

L'analyse prédictive étend également ses avantages au domaine de la santé mentale. Les maladies mentales telles que la dépression, l'anxiété et la schizophrénie peuvent être difficiles à diagnostiquer avec précision. Grâce à l'analyse prédictive, alimenter les algorithmes d'apprentissage automatique avec des données historiques sur les patients peut identifier des modèles susceptibles de prévoir des problèmes de santé mentale et permettre des interventions précoces, potentiellement vitales.

L'analyse prédictive peut sans aucun doute entraîner des améliorations considérables dans les nombreuses facettes du secteur de la santé. Cependant, les considérations de confidentialité et d'éthique doivent toujours être au premier plan lors de la mise en œuvre de toute solution basée sur les données dans le domaine des soins de santé. Alors que nous continuons à exploiter la puissance des données pour obtenir des informations futures, il est primordial de garantir la confiance des patients et de préserver leur dignité.

5.1 Soins de santé

Le rôle de l'analyse prédictive dans le domaine des soins de santé ne peut être sous-estimé. Il a transformé l'idée de la médecine personnalisée en réalité en promouvant une prise de décision clinique basée sur les données, en améliorant l'expérience des patients et en réduisant les coûts des soins de santé. En particulier, la modélisation prédictive a facilité l'identification des populations de patients à haut risque, souvent liées à des maladies chroniques graves telles que les maladies cardiaques, le diabète et le cancer.

Grâce à l'application de l'analyse prédictive, les administrateurs de soins de santé peuvent analyser les dossiers de santé électroniques (DSE), les données d'imagerie médicale, les données génétiques et même les données des réseaux sociaux liées à la santé pour stratifier les risques. Cela revêt une immense valeur pour les prestataires de soins de santé, étant donné que 5 % de la population de patients représente généralement environ 50 % des coûts des soins de santé. Identifier ces patients avant que des événements indésirables ne surviennent pourrait non seulement sauver des vies, mais aussi coûter très cher.

De plus, les établissements de santé exploitent de plus en plus l'analyse prédictive pour garantir une allocation efficace des ressources. Par exemple, gérer les flux et reflux des admissions de patients pour garantir des niveaux d'occupation et de dotation en personnel optimaux. L'application de l'analyse prédictive aux réadmissions à l'hôpital a également commencé à gagner du terrain : la capacité de prédire quels patients présentent un risque accru de retourner à l'hôpital dans les 30 jours suivant leur sortie pourrait réduire considérablement les taux de réadmission et les sanctions correspondantes.

5.2 Vente au détail

Le secteur de la vente au détail a été l'un des premiers à adopter l'analyse prédictive, et de nombreuses organisations comprennent le potentiel que recèlent les milliards de points de données qu'elles collectent. Essentiellement, l'analyse prédictive aide les détaillants à comprendre et à prédire le comportement des clients. Ce pouvoir prédictif peut éclairer diverses décisions stratégiques, telles que les produits à stocker, ceux à prix réduit, la manière de personnaliser les offres et même le moment d'envoyer des messages marketing.

Équipés de données historiques sur les transactions, de données démographiques et de données sur le comportement des médias sociaux, les détaillants peuvent prédire les tendances futures, effectuer une analyse du panier de consommation, et bien plus encore. Cela contribue non seulement à offrir une expérience d'achat personnalisée à leurs clients, mais augmente également l'efficacité opérationnelle et la rentabilité.

L'un des cas d'utilisation les plus populaires de l'analyse prédictive dans le commerce de détail est la prévision de la demande. En prévoyant avec précision la demande pour différents produits à différents moments et à différents endroits, les détaillants peuvent optimiser les niveaux de stocks, réduire les ruptures de stock et les surstocks et augmenter les taux de rotation.

5.3 Finances

Dans le secteur financier, l'analyse prédictive est utilisée pour évaluer le risque de crédit, détecter les transactions frauduleuses, maximiser les ventes croisées et incitatives, prédire la performance des actions et optimiser les stratégies de négociation.

L'évaluation des risques est potentiellement l'une des applications les plus précieuses de l'analyse prédictive dans ce secteur. Les institutions financières peuvent utiliser des modèles prédictifs pour évaluer et classer les emprunteurs potentiels en fonction de leur probabilité de défaut de paiement d'un prêt, améliorant ainsi leur capacité à atténuer les risques et à réduire les pertes.

Dans le domaine de la détection des fraudes, l'analyse prédictive peut identifier des modèles et des anomalies susceptibles de suggérer un comportement frauduleux, évitant ainsi les pertes avant qu'elles ne surviennent. De plus, l'analyse prédictive peut éclairer les stratégies d'investissement en prévoyant les tendances du marché et en fournissant un aperçu des performances futures sur la base de données historiques.

5.4 Fabrication

Le secteur manufacturier est traditionnellement réactif en matière de maintenance : les machines sont réparées ou remplacées après une panne. L'analyse prédictive a le potentiel de renverser ce paradigme grâce à la maintenance prédictive. Cela implique d'utiliser les données des capteurs pour prédire les pannes d'équipement avant qu'elles ne surviennent, ce qui laisse le temps de prendre des mesures préventives. Ce changement augmente non seulement l'efficacité opérationnelle, mais entraîne également des économies significatives, car les temps d'arrêt imprévus dans la fabrication peuvent être extrêmement coûteux.

L'analyse prédictive peut également ajouter de la valeur au processus de fabrication en optimisant la chaîne d'approvisionnement. De la prévision de la demande à la gestion des stocks en passant par la planification des itinéraires, l'analyse prédictive peut accroître l'efficacité, réduire les coûts et même réduire l'impact environnemental.

Les implications en matière de confidentialité, les contraintes d'accessibilité financière, l'adhésion des parties prenantes et la qualité des données font partie des défis qui existent dans l'application de l'analyse prédictive dans tous les secteurs. Toutefois, les avantages potentiels dépassent de loin ces défis. Indéniablement, l'analyse prédictive est un outil puissant qui peut générer des informations et une efficacité opérationnelle dans un large éventail de secteurs.

V.1. Analyse prédictive dans le secteur de la santé

La santé représente un secteur important dans lequel l'application de l'analyse prédictive a radicalement modifié la manière dont les soins sont prodigués. Les hôpitaux, cliniques et autres prestataires de soins de santé utilisent des modèles prédictifs pour identifier la probabilité de certains résultats pour les patients et prendre des décisions plus éclairées sur la base de ces données.

Soins préventifs et gestion des maladies chroniques

L'analyse prédictive s'est révélée particulièrement utile dans les soins préventifs et la gestion des maladies, en particulier pour les maladies chroniques telles que le diabète, les maladies cardiaques et le cancer. En analysant les données des patients provenant des dossiers de santé électroniques, des tests génétiques et des facteurs liés au mode de vie, les modèles prédictifs peuvent identifier les patients présentant un risque élevé de développer ces maladies. Les prestataires de soins de santé peuvent alors prendre des mesures proactives pour atténuer ces risques, comme offrir des conseils de santé personnalisés et ajuster les plans de traitement.

Réadmissions de patients

Les hôpitaux sont confrontés à des coûts importants, tant financiers que de qualité des soins, associés aux réadmissions de patients. L'analyse prédictive peut identifier les patients présentant un risque élevé de réadmission, permettant ainsi aux hôpitaux de mettre en œuvre de manière ciblée des interventions gourmandes en ressources, réduisant ainsi les réadmissions inutiles de manière efficace et efficiente.

Gestion des ressources hospitalières

L'analyse prédictive joue également un rôle central dans la gestion des ressources hospitalières et l'optimisation des opérations. Par exemple, les modèles prédictifs peuvent prévoir le flux des patients, aidant ainsi les hôpitaux à tout gérer, de l'occupation des lits à la planification des interventions chirurgicales. Il aide les établissements de santé à réduire les temps d'attente, à améliorer la satisfaction des patients et à mieux allouer les ressources.

Découverte et développement de médicaments

Dans l'industrie pharmaceutique, l'analyse prédictive est largement utilisée pour accélérer la découverte et le développement de médicaments. En analysant une combinaison de données génétiques, cliniques et pharmacologiques, les modèles prédictifs peuvent mettre en évidence des cibles thérapeutiques potentielles et prédire comment différents individus réagiront à un médicament. Cette approche est non seulement plus rapide et moins coûteuse, mais peut également améliorer les résultats pour les patients en identifiant les médicaments les plus efficaces et les plus sûrs.

V.2. Analyse prédictive dans le secteur financier

Le secteur financier a largement adopté l'analyse prédictive, l'utilisant pour évaluer les risques, identifier les activités frauduleuses, améliorer les relations avec les clients et améliorer les performances.

Gestion des risques

Les institutions financières comme les banques et les compagnies d'assurance utilisent avant tout des modèles prédictifs pour évaluer et gérer les risques. Les profils clés tels que la notation de crédit et la souscription d'assurance s'appuient fortement sur l'analyse pour prendre des décisions éclairées. Les modèles prédictifs aident à identifier les futurs défaillants potentiels en analysant divers facteurs tels que l'historique des paiements, l'utilisation du crédit et d'autres indicateurs connexes.

Détection de fraude

L'analyse prédictive joue un rôle essentiel dans l'identification des activités frauduleuses en temps réel. En combinant diverses données de suivi via des algorithmes, les institutions peuvent identifier des anomalies potentielles ou des transactions suspectes et les signaler immédiatement aux fins d'enquête, économisant ainsi potentiellement des milliards de dollars perdus à cause de la fraude.

Amélioration des performances

Les performances financières peuvent être considérablement améliorées en utilisant l'analyse prédictive. Les modèles prédictifs peuvent aider les gestionnaires de portefeuille à prendre des décisions plus éclairées en anticipant les tendances du marché et le comportement des investisseurs. Il aide également les traders grâce au trading algorithmique, en utilisant des données historiques et en temps réel pour prédire des opportunités de trading rentables.

V.3. Analyse prédictive dans le secteur de la vente au détail

Le secteur de la vente au détail est un autre secteur majeur qui exploite l'analyse prédictive pour comprendre le comportement des clients et optimiser les stratégies commerciales.

Gestion de l'inventaire

L'analyse prédictive peut offrir des projections très précises sur la quantité d'un produit spécifique qui se vendra, en tenant compte de variables telles que la saisonnalité, les tendances et les indicateurs économiques. Cela permet aux détaillants de gérer leurs stocks plus efficacement, réduisant ainsi le gaspillage dû au surstockage ou la perte de ventes due au sous-stockage.

Marketing personnalisé

L'analyse prédictive aide les détaillants à comprendre le comportement d'achat et les préférences de leurs clients. En analysant les données des achats passés et les habitudes de navigation en ligne, les modèles prédictifs peuvent également prévoir le comportement d'achat futur. Cette approche personnalisée du marketing améliore non seulement l'expérience client, mais augmente également les ventes et la fidélité des clients.

Ce ne sont là que quelques exemples illustrant le rôle de l'analyse prédictive dans divers secteurs. Les cas d'utilisation potentiels sont presque infinis et, à mesure que la technologie continue d'évoluer, ses applications ne feront que s'étendre. L'analyse prédictive n'est plus un luxe mais une nécessité pour toute entreprise cherchant à rester compétitive dans le monde actuel axé sur les données.

VI. Études de cas : utilisation réussie de l'analyse prédictive

Étude de cas 1 : L'apprentissage automatique en évolution de Netflix

Netflix, le géant du streaming, a la particularité d'être l'un des premiers à avoir adopté l'analyse prédictive. Netflix est un exemple remarquable non seulement de mise en œuvre de l'analyse prédictive, mais aussi de son évolution efficace pour améliorer la satisfaction client et l'expérience utilisateur tout en augmentant les revenus.

En 2006, Netflix a lancé le « Prix Netflix », offrant 1 million de dollars à quiconque pourrait l'aider à améliorer de 10 % la précision de son moteur de recommandation de films. Il s'agit d'un signal d'alarme quant à la volonté de l'entreprise de comprendre les préférences de ses téléspectateurs et de leur fournir exactement ce qu'ils veulent.

La principale utilisation de l'analyse prédictive par Netflix est son moteur de recommandation avancé. Les algorithmes analysent les données des clients, leurs habitudes de visionnage historiques et les comparent à des centaines de milliers de données d'autres utilisateurs pour suggérer un contenu que l'utilisateur pourrait apprécier. Cela permet à Netflix de fidéliser ses abonnés en leur proposant systématiquement du contenu qu'ils trouvent attrayant.

La création de contenu sur mesure basée sur l'analyse prédictive est une autre façon pour Netflix d'utiliser cette technologie. Un exemple frappant est la création de la série populaire House of Cards. Netflix a décidé d'investir la somme énorme de 100 millions de dollars pour deux saisons après que ses analyses prédictives ont montré que les utilisateurs qui aimaient la version britannique de la série adoraient également Kevin Spacey et David Fincher.

Le modèle d'analyse prédictive prend également en compte la personnalisation du contenu régional de Netflix. Grâce à son trésor de données sur les utilisateurs du monde entier, Netflix identifie les tendances populaires dans différentes régions et organise son contenu en conséquence. Cela leur permet d'atteindre un public très large et d'augmenter la solidité de la plateforme.

Le succès de l'utilisation de l'analyse prédictive par Netflix est démontré non seulement par son nombre impressionnant d'abonnés de plus de 200 millions, mais également par son avantage concurrentiel sur les autres plateformes de streaming multimédia. Il met en valeur efficacement la puissance et le potentiel de l'analyse prédictive lorsqu'elle est utilisée de manière optimale, en offrant des expériences personnalisées aux consommateurs et en favorisant leur fidélité.

Étude de cas 2 : American Express identifiant des clients de haute qualité

American Express, l'une des plus grandes sociétés de cartes de crédit au monde, utilise l'analyse prédictive pour identifier et cibler les clients à fort potentiel. Leur modèle d'analyse prédictive les aide à comprendre le comportement de leurs clients, leurs habitudes de dépenses, leur solvabilité, et même à prédire leur fidélité future.

Un exemple de leur utilisation de l'analyse prédictive est la création d'un modèle prédictif sophistiqué qui analyse les transactions historiques et identifie les modèles associés aux faux frais. Le modèle leur permet de prédire si une nouvelle transaction, qu'elle provienne d'un client existant ou d'un nouveau client, est frauduleuse. Cela réduit considérablement leur exposition aux risques et améliore leur service aux véritables clients.

Une autre utilisation a été la fidélisation de la clientèle. American Express utilise l'analyse prédictive pour identifier les clients qui ont été fidèles à l'entreprise, ont maintenu un bon historique de crédit et dépensent régulièrement avec leur carte de crédit. Ils proposent ensuite des offres, des privilèges et des avantages exclusifs à ces clients, améliorant ainsi leur satisfaction et réduisant le taux de désabonnement.

Le succès du modèle d'analyse prédictive d'American Express est un autre témoignage de l'immense potentiel de l'analyse prédictive. Leur ciblage et fidélisation réussis de clients de haute qualité, leurs tactiques d'atténuation des risques et leur capacité à distinguer les activités frauduleuses leur ont conféré un avantage concurrentiel significatif dans le secteur des cartes de crédit.

Étude de cas 3 : Tendances de Google en matière de grippe : prédire la santé publique

En 2008, Google a lancé une initiative appelée Google Flu Trends (GFT) pour surveiller la propagation de la grippe en exploitant les données des requêtes de recherche. Ils ont utilisé les mégadonnées accumulées à partir des termes de recherche liés à la grippe pour prédire les épidémies de grippe plus rapidement que les systèmes traditionnels utilisés par les organismes de santé comme les Centers for Disease Control and Prevention (CDC).

Bien que GFT ait connu des difficultés et des controverses et ait finalement été arrêté en 2015, il a ouvert le monde à l'utilisation potentielle de l'analyse prédictive pour fournir des informations sur la santé publique. L'idée d'utiliser des données en temps réel facilement accessibles pour surveiller et prédire l'augmentation et la propagation des maladies a stimulé les progrès dans ce domaine et conduit une pléthore d'entreprises et d'organisations à utiliser des méthodes similaires pour la prévision et la prévention des maladies.

Ces études de cas décrivent le vaste potentiel de l'analyse prédictive dans divers secteurs, révélant des tendances, atténuant les risques, améliorant les services, personnalisant le contenu et prévenant les maladies. À mesure que les entreprises continuent de collecter et d'analyser davantage de données, il est clair que les techniques d'analyse prédictive deviendront encore plus essentielles à leur réussite.

Étude de cas VI.A : Amazon et l'analyse prédictive

Amazon, spécialiste mondial du commerce électronique, est un excellent exemple d'application de l'analyse prédictive pour obtenir des résultats commerciaux exceptionnels. Amazon utilise l'analyse prédictive pour recommander des produits à ses centaines de millions d'utilisateurs dans le monde, ce qui entraîne une plus grande satisfaction des utilisateurs, une augmentation des ventes et une croissance continue de l'activité.

VI.A.1 Collecte et gestion des données

Amazon dispose de données multidimensionnelles qui incluent des informations sur les habitudes d'achat des clients, les modèles de recherche sur son site Web, les listes de souhaits, les paniers d'achat, les retours et même le temps que les utilisateurs passent à passer leur curseur sur certains articles. Ils collectent des données volumineuses à partir de chaque interaction client, sur plusieurs plateformes et points de contact. Ces données sont ensuite classées, stockées et traitées dans de vastes systèmes basés sur le cloud, garantissant ainsi leur disponibilité pour une analyse approfondie.

VI.A.2 Recommandations de produits

Amazon utilise largement l'analyse prédictive pour fournir des recommandations de produits personnalisées. Lorsqu'un client se connecte, des modèles prédictifs exécutent une analyse en temps réel des données du client par rapport à une base de données de produits, créant ainsi une liste personnalisée de produits susceptibles de l'intéresser. Cela contribue non seulement à améliorer la satisfaction des clients, mais augmente également la valeur de leur panier.

VI.A.3 Gestion des stocks

Amazon applique également l'analyse prédictive dans la gestion des stocks. Ils analysent les données liées à l'historique des achats, aux tendances actuelles, à la saisonnalité, etc. pour prévoir la demande pour divers produits. Sur cette base, ils équilibrent leur stock dans différents entrepôts. Cela contribue grandement à réduire les coûts liés au surstockage et aux ventes perdues dues au sous-stockage.

VI.A.4 Détection des fraudes

Dans le secteur du commerce électronique, les transactions frauduleuses constituent une préoccupation majeure. Amazon utilise l'analyse prédictive pour détecter les activités frauduleuses. En comparant les données de transaction actuelles avec les modèles frauduleux historiques, leurs modèles aident à identifier les transactions potentiellement frauduleuses, minimisant ainsi les pertes et garantissant la confiance des consommateurs.

VI.A.5 Améliorer l'expérience utilisateur

Amazon utilise également l'analyse prédictive pour améliorer l'expérience utilisateur sur son site Web. Ils analysent les données sur le comportement des utilisateurs telles que le flux de clics, l'historique de recherche, le temps d'attente des pages, etc. À l'aide de ces données, ils personnalisent la conception du site Web, les placements de produits et les messages promotionnels pour les utilisateurs individuels.

VI.A.6 Conclusion

En exploitant la puissance de l'analyse prédictive, Amazon a révolutionné le secteur du commerce électronique. Les informations approfondies générées par l'analyse prédictive ont considérablement réduit les coûts, maximisé les profits et grandement amélioré la satisfaction des clients. Cette étude de cas met en évidence le vaste potentiel de l'analyse prédictive lorsqu'elle est correctement mise en œuvre avec une vision stratégique.

Ce cas souligne également que l'exploitation de la puissance de l'analyse prédictive nécessite non seulement une énorme quantité de données, mais également les bons outils pour analyser ces données et développer des informations précieuses. Il est évident qu'investir dans l'analyse prédictive peut être très rentable pour les entreprises, mais cela nécessite une compréhension approfondie du domaine et une approche stratégique de sa mise en œuvre.

L'étude de cas Amazon n'est pas un cas unique en matière d'utilisation de l'analyse prédictive. Dans les sous-sections suivantes, nous examinerons d'autres entreprises qui ont capitalisé sur l'analyse prédictive pour connaître un succès remarquable dans leurs secteurs respectifs.

Restez à l'écoute pour découvrir comment d'autres leaders du secteur exploitent la puissance de l'analyse prédictive !

Étude de cas 1 : Netflix – Analyse prédictive pour des recommandations personnalisées

L'un des exemples les plus réussis et les plus illustratifs d'utilisation de l'analyse prédictive vient du géant du streaming en ligne, Netflix. Le succès de Netflix peut être largement attribué à son utilisation de l'analyse prédictive pour fournir des recommandations de contenu personnalisées à ses 200 millions d'utilisateurs dans le monde.

Netflix utilise un modèle prédictif qui analyse chaque jour des centaines de milliards de points de données. Ce modèle combine des données explicites fournies par l'utilisateur, telles que son historique de visionnage et ses notes, avec des données implicites, telles que son comportement de navigation et ses habitudes de visionnage, pour prédire ce qu'un utilisateur souhaite regarder ensuite avant même de le savoir lui-même.

Utiliser l'analyse prédictive

Le moteur d'analyse de Netflix n'utilise pas la démographie ou la géographie traditionnelle pour proposer des recommandations. Au lieu de cela, il regroupe les utilisateurs en fonction de leurs préférences visuelles, quel que soit leur emplacement. L'algorithme continue d'apprendre et d'affiner ses prédictions à chaque interaction et point de données. Netflix utilise même l'analyse prédictive pour décider quels films et séries produire. Par exemple, les données suggèrent qu'un chevauchement important d'abonnés qui aiment les drames politiques favorise également l'acteur nominé aux Oscars Kevin Spacey et le réalisateur David Fincher. En tant que tel, Netflix a donné son feu vert à la production d'un drame politique, "House of Cards", mettant en vedette Spacey et Fincher, qui est devenu un énorme succès.

L'utilisation de l'analyse prédictive a aidé Netflix à réduire considérablement ses taux de désabonnement, en garantissant que les utilisateurs trouvent toujours le contenu qui les intéresse, sans perdre beaucoup de temps à le parcourir. Cela conduit également à la satisfaction des clients et à des heures de visionnage plus longues, augmentant ainsi directement les revenus de Netflix.

L'impact

L'application de l'analyse prédictive par Netflix ne consiste pas seulement à recommander le bon contenu : il s'agit également de maintenir et d'augmenter l'engagement au fil du temps. On estime que l'entreprise économise 1 milliard de dollars par an grâce à son moteur de recommandation personnalisé.

De plus, l'utilisation de l'analyse prédictive dans la prise de décision en matière de production de contenu a également donné des résultats positifs pour Netflix. Des émissions telles que « House of Cards » et « Orange is the New Black » ont été commandées sur la base d'informations dérivées de modèles prédictifs, et ont gagné en popularité, attirant des millions de nouveaux abonnés.

Leçons apprises

Cette étude de cas offre plusieurs informations qui peuvent être appliquées à différents secteurs :

1. **Expérience client améliorée** : l'analyse prédictive peut améliorer considérablement l'expérience utilisateur en fournissant un contenu personnalisé et ciblé. Une meilleure expérience conduit à une fidélisation plus élevée des clients et à des taux de désabonnement plus faibles.
2. **Prise de décision basée sur les données** : l'utilisation de l'analyse prédictive pour la prise de

décision peut conduire à des décisions plus précises et efficaces, permettant potentiellement d'économiser des ressources et des coûts en minimisant les risques associés à une prise de décision intuitive.

3. **Apprentissage continu** : les modèles prédictifs ne sont pas statiques : ils apprennent et s'améliorent avec chaque point de données supplémentaire, garantissant ainsi que les prédictions sont affinées et mises à jour au fil du temps.

En conclusion, l'utilisation réussie de l'analyse prédictive par Netflix démontre la puissance des données et la manière dont elles peuvent être exploitées non seulement pour dépasser les attentes des clients, mais également pour guider les décisions commerciales stratégiques.

Étude de cas 1 : Starbucks – Adapter l'expérience client avec l'analyse prédictive

Starbucks, l'une des chaînes de cafés les plus populaires au monde, est un excellent exemple d'entreprise qui utilise efficacement l'analyse prédictive pour améliorer son expérience client.

Comprendre les préférences des clients

La première mesure prise par Starbucks pour exploiter ses données a été de lancer « Starbucks Rewards », un programme de fidélité qui encourage les clients à effectuer des achats en échange de points de récompense. Ce programme comprenait une application mobile téléchargée plus de 19 millions de fois, selon un rapport de BI

Intelligence. En effectuant des transactions via ce système, les clients ont produit une quantité importante de données consensuelles sur leur historique et leur comportement d'achat.

En collectant et en analysant ces données, Starbucks a pu mieux comprendre les préférences de chaque client, telles que ses boissons, ses aliments et l'emplacement de ses magasins préférés, ainsi que la fréquence et l'heure de ses visites.

Implémentation de modèles prédictifs

Une fois que Starbucks a acquis une compréhension claire du comportement de ses clients, ils ont développé des modèles prédictifs qui leur ont permis d'anticiper le comportement futur de leurs clients sur la base de données historiques.

En analysant les modèles et les tendances des données, les modèles prédictifs de Starbucks peuvent fournir des informations telles que les nouveaux produits susceptibles de connaître du succès, le type d'offres promotionnelles qui susciteraient l'intérêt des clients et la manière dont les changements de prix ou de disponibilité en magasin peuvent affecter les ventes.

Cela a permis à Starbucks de prendre des décisions fondées sur des données concernant le développement de produits, les stratégies marketing et la gestion des stocks, améliorant ainsi son efficacité opérationnelle et sa rentabilité.

Personnalisation grâce à l'analyse prédictive

Le modèle d'analyse prédictive pourrait également estimer la probabilité qu'un client spécifique achète un article particulier à un moment ou à un lieu donné, permettant ainsi à Starbucks d'offrir une expérience client hautement personnalisée.

Starbucks a utilisé ces informations pour personnaliser ses campagnes marketing, en proposant des offres individualisées directement aux clients via son application mobile. En outre, les données ont été utilisées pour personnaliser l'expérience client dans leurs magasins physiques, garantissant que les articles populaires étaient toujours disponibles pour les clients, tandis que les articles moins populaires pouvaient être progressivement supprimés ou remplacés.

L'histoire du succès

L'utilisation par Starbucks de l'analyse prédictive a transformé les données en informations exploitables, permettant à l'entreprise de garder une longueur d'avance sur un marché concurrentiel. Cela a contribué à fidéliser la clientèle, à augmenter les ventes et à stimuler la croissance.

Dans une présentation destinée aux investisseurs, le directeur financier de Starbucks, Patrick Grismer, a déclaré que leurs efforts de marketing ciblés, pilotés par l'analyse prédictive, ont contribué à une augmentation énorme de 2 % des ventes des magasins comparables aux États-Unis au deuxième trimestre 2019.

L'étude de cas Starbucks démontre clairement comment l'analyse prédictive peut aider les entreprises à comprendre le comportement des clients à un niveau granulaire, à prédire les tendances futures, à améliorer leurs opérations et à personnaliser une expérience client personnalisée.

Conclusion

De toute évidence, l'utilisation réussie de l'analyse prédictive par Starbucks constitue une excellente étude de cas pour les entreprises cherchant à exploiter la puissance des données pour obtenir des informations futures. Il montre comment les entreprises peuvent utiliser des modèles d'analyse prédictive pour fidéliser leurs clients, réduire le gaspillage et augmenter leurs ventes. Cette précieuse leçon peut également s'appliquer aux entreprises d'autres secteurs, faisant de l'analyse prédictive un outil indispensable dans le monde des affaires axé sur les données.

Étude de cas 1 : Coca-Cola et la puissance de l'analyse prédictive

Tout au long de son parcours pour devenir une marque de renommée mondiale, Coca-Cola a toujours adopté une technologie de pointe pour améliorer ses opérations commerciales. Plus récemment, cette renaissance technologique a pris la forme d'une plongée profonde dans l'analyse prédictive, permettant à Coca-Cola de comprendre ses clients à un niveau granulaire.

Le problème

Développer une entreprise est un processus intrinsèquement difficile, et Coca-Cola a dû faire face à plusieurs obstacles de taille. Premièrement, la vaste taille de la clientèle rendait difficile l'analyse de l'ampleur des données client existantes. De plus, suivre l'évolution des préférences des clients pour différents produits n'était pas une tâche facile. Sans solutions adéquates, ces problèmes pourraient entraver la croissance de Coca-Cola et réduire sa compétitivité sur un marché mondial extrêmement concurrentiel.

La solution

Pour surmonter ces défis, Coca-Cola s'est tournée vers l'analyse prédictive pour analyser sa dense cascade de données sur les consommateurs. En tirant parti des algorithmes d'apprentissage automatique et de l'analyse des données, l'entreprise a commencé à prédire les tendances du comportement des consommateurs, prenant ainsi des décisions éclairées.

Pour démarrer le processus, Coca-Cola a rassemblé les données passées des clients, notamment leurs habitudes d'achat historiques, la saisonnalité des achats et la réponse aux campagnes marketing précédentes. Ils ont également collecté des données sur des facteurs démographiques tels que l'âge, le sexe et le lieu. Ces ensembles de données ont ensuite été introduits dans des algorithmes d'apprentissage automatique pour créer des modèles prédictifs.

Par exemple, dans l'un de leurs projets, Coca-Cola a utilisé l'analyse prédictive pour prévoir les rendements des cultures d'oranges. Cela a aidé l'entreprise à gérer efficacement sa production de jus d'orange, en minimisant les déchets et en améliorant sa rentabilité.

La mise en oeuvre

La mise en œuvre de l'analyse prédictive au sein de Coca-Cola a nécessité un changement dans l'approche de l'entreprise en matière de données. La transformation impliquait à la fois un changement culturel – l'entreprise adoptant une prise de décision basée sur les données – et un changement technologique – avec l'utilisation d'algorithmes avancés d'apprentissage automatique et d'outils analytiques.

Investir dans le développement de talents internes en analyse de données a été la clé de cette transformation. Coca-Cola a formé son personnel technique à tirer des enseignements des données et à mettre en œuvre des modèles prédictifs. Il a en outre collaboré avec des partenaires externes pour une expertise avancée.

Les résultats

Grâce à l'analyse prédictive, Coca-Cola a réussi à tirer un niveau d'informations sans précédent à partir de ses données sur les consommateurs. Les modèles prédictifs ont aidé l'entreprise à obtenir une compréhension granulaire des goûts de ses clients, permettant ainsi la diffusion de campagnes marketing personnalisées.

De plus, en prédisant les tendances futures, le titan des boissons a pu optimiser les niveaux de stocks, minimisant ainsi les pertes dues à la surproduction de produits moins populaires. Cela a également conduit à une plus grande efficacité de la chaîne d'approvisionnement, comme le projet sur le jus d'orange, qui a permis de réaliser d'importantes économies.

Les cours

Le succès de Coca-Cola constitue une excellente étude de cas illustrant la puissance de l'analyse prédictive. Il souligne qu'investir dans l'analyse prédictive peut générer des avantages significatifs pour les entreprises, depuis l'amélioration de la compréhension des clients jusqu'à l'optimisation des opérations de la chaîne d'approvisionnement.

Le point le plus important à retenir de cette étude de cas est peut-être l'importance de la volonté d'une organisation d'adopter les données et d'investir dans le développement de capacités analytiques. Cela nécessite des changements à la fois culturels et technologiques, mais comme Coca-Cola l'a démontré, le retour sur de tels investissements peut être significatif.

VII. Développement d'un cadre d'analyse prédictive

7.1 *Création d'un cadre d'analyse prédictive stratégique*

Un cadre d'analyse prédictive convaincant est bien plus qu'un simple amalgame d'outils et de techniques statistiques. Cela nécessite une approche stratégique et structurée pour exploiter les données pour la prise de décision. Cette sous-section fournit un guide complet sur le développement d'un cadre d'analyse prédictive robuste.

7.1.1 Définition des objectifs commerciaux

La mise en place de tout cadre d'analyse prédictive doit toujours commencer par la définition claire des objectifs commerciaux. On ne saurait trop insister sur le caractère critique de ce processus, car il prépare le terrain pour l'ensemble de l'opération analytique. Il facilite ensuite l'identification d'indicateurs de performance clés (KPI) qui peuvent être utilisés pour évaluer les progrès vers l'atteinte de vos objectifs commerciaux.

7.1.2 Identification des sources de données pertinentes

Ensuite, il est essentiel de déterminer quelles sources de données sont disponibles et utiles pour atteindre vos objectifs déclarés. Les données peuvent provenir de sources internes (telles que des bases de données, des logiciels et des systèmes d'entreprise) ou de sources externes telles que les réseaux sociaux, les bases de données de fournisseurs ou de fournisseurs tiers. Il est également important de déterminer le besoin de données structurées et non structurées.

7.1.3 Collecte et intégration des données

La collecte de données est un processus méticuleux par lequel les sources de données identifiées sont récoltées. Les stratégies de collecte de données s'étendent de la configuration d'API à la récupération de données à partir de pages Web. Ensuite, les données accumulées provenant de différentes sources doivent être intégrées, ce qui nécessite souvent de gérer des écarts de formats, de granularité ou de terminologie.

7.1.4 Nettoyage et transformation des données

La propreté des données a un impact direct sur la fiabilité des analyses. Cela implique d'examiner et de résoudre les problèmes de valeurs manquantes, d'incohérences ou d'anomalies dans les données collectées. Par la suite, la transformation des données est effectuée pour convertir les données nettoyées dans un format approprié pour la modélisation, ce qui peut impliquer des activités telles que la normalisation, l'encodage de variables catégorielles ou la conversion de séries chronologiques.

7.1.5 Analyse exploratoire des données

Avant la création d'un modèle, il est crucial d'explorer et de comprendre vos données. L'analyse exploratoire des données (EDA) consiste à visualiser les distributions de données, à identifier les corrélations et à détecter les valeurs aberrantes. Il éclaire le data scientist sur les structures et les modèles sous-jacents des données et donne des informations clés qui guident la création de modèles.

7.1.6 Création et évaluation de modèles

La création de modèles est au cœur de l'analyse prédictive impliquant des techniques telles que la régression, les arbres de décision ou les réseaux neuronaux, entre autres. La méthode choisie dépend de la nature des données et de la problématique métier. Après le développement, les performances du modèle doivent être évaluées à l'aide de mesures pertinentes telles que l'exactitude, la précision, le rappel ou le ROC AUC, en fonction du contexte du problème.

De plus, des concepts tels que la validation du modèle et le surajustement doivent être appréciés. La validation implique de diviser vos données en un ensemble de formation pour l'apprentissage du modèle et un ensemble de tests pour l'évaluation, garantissant ainsi que les performances du modèle sont évaluées indépendamment de son apprentissage. Le surajustement, en revanche, fait référence au fait qu'un modèle s'adapte trop bien aux données d'entraînement et qu'il fonctionne mal sur des données invisibles.

7.1.7 Déploiement et surveillance

Une fois évalué de manière satisfaisante, le modèle est déployé dans l'environnement métier, intégré aux opérations ou aux processus décisionnels. Cependant, le déploiement n'est pas la fin du framework. Les performances du modèle doivent être surveillées en permanence pour garantir que sa puissance prédictive reste fiable dans le temps, compte tenu de la nature dynamique des données.

Un cadre d'analyse prédictive nécessite donc une approche stratégique de bout en bout qui couvre l'ensemble du cycle de vie de l'analyse, depuis la détermination des objectifs jusqu'au déploiement et à la surveillance du modèle. Cette description vous donne les bases pour personnaliser un cadre adapté à la situation de votre entreprise, afin d'exploiter l'immense potentiel prédictif inhérent à vos données.

VII.1. Comprendre la nécessité d'un cadre d'analyse prédictive

Avant de plonger dans les détails techniques du développement d'un cadre d'analyse prédictive (PA), il est important de comprendre de quoi il s'agit et pourquoi il s'agit d'un outil si vital dans le monde des affaires d'aujourd'hui. L'analyse prédictive est une forme avancée d'analyse de données qui utilise des données, des algorithmes statistiques, des techniques d'apprentissage automatique et l'intelligence artificielle pour prédire les résultats futurs en fonction des tendances passées. En utilisant les performances passées pour prédire les comportements futurs, l'analyse prédictive fournit aux entreprises des informations exploitables et la capacité de prendre des décisions proactives.

Un cadre d'analyse prédictive est un ensemble structuré de directives ou de protocoles qui aident les entreprises à mettre en œuvre l'analyse prédictive. Il propose un processus standardisé à suivre, garantissant la cohérence et la fiabilité des résultats d'analyse. Un cadre PA bien construit garantit que vous ne générez pas seulement des prédictions pour le plaisir. Au lieu de cela, vous utilisez ces prévisions pour générer des changements significatifs et optimiser l'efficacité opérationnelle de votre organisation.

VII.2. Composants d'un cadre d'analyse prédictive

La construction d'un cadre d'AP commence par la compréhension de ses composants essentiels :

1. **Collecte de données** : C'est la base du framework. C'est l'étape où les données pertinentes pour le domaine d'étude ou de prévision sont collectées à partir de diverses sources, tant internes qu'externes.
2. **Prétraitement des données** : Ici, les données collectées sont nettoyées et transformées dans un format adapté à l'analyse. Cette étape implique souvent la gestion des valeurs manquantes, la suppression des valeurs aberrantes, la mise à

l'échelle des fonctionnalités et la prise en charge des données dupliquées.

3. **Analyse des données** : cette étape implique des analyses exploratoires pour obtenir des informations sur les données et comprendre les modèles et tendances sous-jacents.

4. **Modélisation** : ici, des modèles prédictifs appropriés sont choisis en fonction du problème à résoudre et utilisés pour construire le modèle d'analyse prédictive.

5. **Validation** : cela implique de tester le modèle construit par rapport à un ensemble de données (ensembles de données de test) pour valider sa capacité à prédire efficacement les résultats possibles.

6. **Déploiement** : Une fois validé, le modèle est déployé dans les systèmes opérationnels pour commencer à générer des prédictions.

7. **Surveillance et maintenance** : il s'agit d'un processus continu qui permet de garantir que le modèle reste pertinent au fil du temps. Les performances du modèle sont régulièrement surveillées et des ajustements sont apportés si nécessaire.

VII.3. Définir les objectifs commerciaux

La première étape du développement d'un cadre d'analyse prédictive consiste à définir des objectifs commerciaux clairs. Que souhaitez-vous réaliser avec vos données ? S'agit-il d'améliorer la fidélisation des clients, d'optimiser les stratégies marketing ou de prédire les ventes futures ? La définition de vos objectifs vous guidera dans la détermination des données nécessaires à collecter, des méthodes à utiliser et dans l'obtention de résultats significatifs.

VII.4. Construction d'équipe

La prochaine étape importante consiste à constituer une équipe possédant les compétences nécessaires. Cette équipe doit de préférence comprendre des data scientists, des experts en apprentissage automatique, des ingénieurs de données, des analystes commerciaux et des experts du domaine. Cette équipe diversifiée garantit une approche globale de l'analyse prédictive, réunissant différentes expertises et perspectives.

VII.5. Gestion des données et gouvernance

Une fois les données collectées, il est important que vous les gériez et les gouverniez correctement. Cela signifie maintenir la qualité des données, garantir la confidentialité et la sécurité des données et se conformer aux réglementations en constante évolution.

En fin de compte, le développement d'un cadre complet d'analyse prédictive peut nécessiter des ressources et du temps importants, mais la valeur qu'il apporte à votre entreprise à long terme dépasse les coûts initiaux. Il donne à votre entreprise la capacité de prévoir les défis et opportunités potentiels, et de prendre des décisions basées sur les données, cruciales pour la croissance et la durabilité.

7.1 Comprendre le rôle des données dans le cadre d'analyse prédictive

L'analyse prédictive est un outil puissant fondé sur le principe selon lequel le passé peut éclairer l'avenir. En analysant les données historiques, nous pouvons modéliser et prédire les résultats futurs, aidant ainsi les entreprises à prendre des décisions éclairées basées sur des scénarios attendus. Un cadre d'analyse prédictive robuste, au cœur duquel se trouvent les données, est essentiel au succès de cette approche. Ce chapitre approfondira l'importance des données dans l'élaboration d'un cadre et fournira des conseils sur la manière de les exploiter efficacement.

7.1.1 Anatomie des données dans l'analyse prédictive

Les données constituent le fondement sur lequel repose l'analyse prédictive. C'est le langage grâce auquel les ordinateurs comprennent le monde et la matière première à partir de laquelle les informations sont extraites. Essentiellement, les données dans un contexte d'analyse prédictive peuvent être classées en trois types principaux en fonction de leur rôle dans le processus prédictif :

- **Données brutes** : Il s'agit des informations non traitées collectées à partir de diverses sources. Il peut s'agir de données sur le comportement des clients sur un site Web, de données de vente, de données marketing, de données environnementales, jusqu'aux publications sur les réseaux sociaux, entre autres.
- **Données traitées** : Ce sont les données qui ont été nettoyées et manipulées pour une analyse plus approfondie. Le nettoyage peut impliquer la suppression ou la correction d'erreurs, la gestion des valeurs manquantes ou la résolution d'incohérences.
- **Données de sortie** : Il s'agit du produit final du processus d'analyse prédictive. Il comprend les prédictions et les informations tirées des données traitées qui guident la prise de décision.

7.1.2 Le processus de collecte de données

Une analyse prédictive efficace commence par la collecte de données. L'objectif est de collecter autant de données pertinentes et de haute qualité que possible.

- L'une des techniques de collecte de données est l'exploration de données, qui consiste à extraire activement des informations utiles à partir de grands ensembles de données. Pour y parvenir efficacement, il faut une planification minutieuse et les ressources technologiques appropriées.
- Une autre approche implique les technologies Big Data pour gérer des données avec un volume élevé, une vitesse élevée, une grande variété et une grande véracité (les quatre V du Big Data).
- Les enquêtes et questionnaires peuvent également constituer une source de données fiable, notamment pour collecter des données qualitatives sur les préférences et les comportements des clients.

Il est essentiel que les données collectées soient représentatives, précises et pertinentes pour éviter de créer des modèles biaisés ou dépourvus de pouvoir prédictif.

7.1.3 Préparation et prétraitement des données

Une fois les données collectées, l'étape suivante du cadre d'analyse prédictive consiste à préparer et à prétraiter les données. Cette étape implique :

- **Nettoyage des données** : Il s'agit d'identifier et de corriger les erreurs qui ont pu survenir lors du processus de collecte des données.
- **Transformation des données** : cela implique la conversion des données dans un format approprié pour une analyse plus approfondie. Les

transformations spécifiques utilisées dépendront des exigences du modèle prédictif.

- **Ingénierie des fonctionnalités** : cette étape extrait des fonctionnalités précieuses de l'ensemble de données pour améliorer les performances du modèle prédictif. Celles-ci peuvent inclure, par exemple, la création d'une nouvelle variable qui représente les dépenses totales d'un client au cours de l'année écoulée.

7.1.4 Création de modèles prédictifs

Avec des données propres et traitées en main, la prochaine étape du développement d'un cadre d'analyse prédictive consiste à créer des modèles prédictifs à l'aide de diverses techniques issues des statistiques, de l'exploration de données et de l'apprentissage automatique. Certaines techniques de modélisation prédictive couramment utilisées comprennent :

- Analyse de régression
- Arbres de décision
- Les réseaux de neurones
- Méthodes d'ensemble
- Prévisions de séries chronologiques

Chaque méthode a ses forces et ses faiblesses, ce qui la rend adaptée à différents types de données, problèmes et objectifs.

7.1.5 Validation et évaluation du modèle

Une dernière étape cruciale du cadre d'analyse prédictive consiste à valider et à évaluer les modèles prédictifs pour garantir qu'ils fonctionnent comme prévu. Cela implique généralement d'appliquer le modèle à un ensemble de données de validation distinct et de mesurer son exactitude, sa précision, son rappel et d'autres mesures. Ces statistiques fournissent un retour critique pour guider les ajustements du modèle ou des étapes de préparation des données, conduisant à des prédictions plus fiables.

En conclusion, les données sont le moteur du cadre d'analyse prédictive. Comprendre son rôle et apprendre à le gérer efficacement peut permettre à votre entreprise d'exploiter tout le potentiel de l'analyse prédictive. De la collecte des données, en passant par le traitement et la modélisation, jusqu'à la validation, chaque étape du cycle de vie des données alimente et influence la capacité à prédire l'avenir avec précision.

En exploitant ce pouvoir, les entreprises peuvent prévoir les tendances, identifier les opportunités et les risques et élaborer des stratégies qui donnent des résultats. Dans le domaine incertain des prévisions futures, un solide cadre d'analyse prédictive fondé sur de solides pratiques en matière de données est ce qui se rapproche le plus d'une boule de cristal.

Section VII.1 : Comprendre et définir le problème métier dans l'analyse prédictive

Tout cadre d'analyse prédictive efficace commence par la compréhension et la définition du problème commercial. La première étape cruciale avant de se lancer dans l'analyse des données et la modélisation prédictive consiste à identifier clairement la question ou le problème commercial que l'analyse va résoudre. Cette compréhension éclaire chaque décision du cadre – de la collecte de données à l'analyse, la modélisation, le déploiement et la surveillance.

Identifier et définir le problème commercial

Comprendre le problème commercial nécessite une connaissance détaillée de l'entreprise, de l'industrie et du marché. Ces connaissances permettront à l'équipe de poser des questions pertinentes et de définir des objectifs réalistes. Idéalement, le problème commercial devrait être un problème urgent qui, s'il est résolu, aura un impact significatif sur l'entreprise. Le problème métier doit être défini explicitement, sans aucune ambiguïté.

Articuler les objectifs

Une fois le problème commercial identifié, l'étape suivante consiste à articuler les objectifs. Ces objectifs doivent être mesurables, atteignables, pertinents et limités dans le temps (SMART). Articuler les objectifs garantit que tous les membres de l'équipe, les parties prenantes et les décideurs sont sur la même longueur d'onde.

Déterminer l'étendue du problème

Définir la portée du problème métier permet de donner une orientation concrète au projet. Cela implique d'indiquer clairement ce qui est inclus et ce qui est exclu de l'analyse, ce qui apporte de la clarté à tous les membres de l'équipe et aux parties prenantes.

Établir des hypothèses

Ensuite, une hypothèse est développée sur la base du problème commercial. L'équipe d'analyse prédictive doit générer des hypothèses liées au problème et les utiliser comme points de départ pour les solutions proposées. La formulation d'hypothèses est un point critique dans le cadre d'analyse prédictive car elle aide à nier ou à prouver certaines hypothèses liées au problème commercial.

Prioriser les solutions possibles

La dernière étape pour comprendre et définir le problème commercial consiste à prioriser les solutions possibles. L'équipe doit utiliser ses connaissances et son expérience pour développer des solutions potentielles, puis les évaluer et les classer en fonction de leur faisabilité et de leur impact potentiel.

Comprendre et définir correctement le problème commercial met en place le cadre d'analyse prédictive nécessaire au succès. Il aide à l'idéation d'une solution réalisable et à fort impact qui peut être mise en œuvre pour satisfaire le besoin commercial identifié au début du processus. En tant qu'étape initiale et essentielle de l'analyse prédictive, une compréhension approfondie du problème commercial donnera de meilleurs résultats, tandis qu'un problème mal défini ou mal compris peut entraîner un gaspillage d'efforts et de ressources.

Dans les sections suivantes, nous approfondirons les étapes suivantes du cadre d'analyse prédictive, notamment la préparation des données, la sélection du modèle, la validation, le déploiement et la surveillance. L'objectif final est d'exploiter la puissance des données pour générer des prévisions précises et prendre de futures décisions commerciales éclairées.

VII.I. Établir une base solide d'analyse prédictive

Avant de se lancer dans des projets d'analyse prédictive sophistiqués, il est crucial d'établir un cadre d'analyse prédictive robuste. Ce cadre servira de feuille de route qui vous guidera tout au long du parcours de transformation des données brutes en décisions précieuses pour votre entreprise.

un. Comprendre le contexte commercial et formuler de bonnes questions

L'analyse prédictive commence par une compréhension claire des problèmes rencontrés. Commencez par déterminer les problèmes que votre entreprise doit résoudre ou les opportunités sur lesquelles elle souhaite capitaliser. Cela jettera les bases de votre initiative d'analyse prédictive et dictera les données dont vous avez besoin, le type d'analyse requis ainsi que les outils et ressources nécessaires au projet.

b. Collecte de données

Une analyse prédictive efficace repose sur des données abondantes. Cependant, collecter davantage de données n'est pas nécessairement une meilleure solution ; vous devez collecter les bonnes données. Pour ce faire, vous devez identifier les données liées à votre question commerciale, y compris les données internes des systèmes opérationnels de votre entreprise et les données externes provenant des médias sociaux, des sites Web ou des fournisseurs de données tiers.

c. Nettoyage et prétraitement des données

Les données collectées doivent être nettoyées et prétraitées avant analyse. Cela implique de traiter les valeurs manquantes, de gérer les valeurs aberrantes et de normaliser les données. Cette méthodologie peut s'avérer être un processus méticuleux et long, mais elle est cruciale car elle peut avoir un impact significatif sur la qualité de votre modèle prédictif.

d. Sélection de techniques et de modèles de construction

L'étape suivante implique la sélection de techniques d'analyse prédictive appropriées en fonction de la nature de votre problème et des données disponibles. Certaines méthodes couramment utilisées incluent l'analyse de régression, la prévision de séries chronologiques et les techniques d'apprentissage automatique telles que les arbres de décision et les réseaux de neurones. Il est crucial de créer plusieurs modèles et d'itérer pour trouver le plus précis et le plus utile pour votre contexte donné.

e. Évaluation et affinement des modèles

Une fois que vous avez construit vos modèles prédictifs, ils doivent être méticuleusement examinés et affinés. Vous devez évaluer leurs performances par rapport aux ensembles de données de formation et de test. Cela implique diverses mesures, et le choix de celles-ci dépend de vos besoins spécifiques et de la nature du problème rencontré.

F. Implémentation et déploiement

Une fois votre modèle affiné et revérifié, il est temps de le mettre en œuvre. Cela peut impliquer d'intégrer le modèle dans un environnement de production où il peut influencer les décisions du monde réel, ou cela peut impliquer d'intégrer le modèle dans vos systèmes opérationnels pour automatiser les processus de prise de décision.

g. Surveillance et maintenance

Le déploiement de votre modèle n'est pas la fin du processus. L'analyse prédictive est un processus continu nécessitant une surveillance et une maintenance cohérentes. Cela inclut la vérification régulière des performances du modèle, la réalisation d'examens systématiques et la réalisation des ajustements nécessaires pour s'adapter aux changements dans la dynamique commerciale sous-jacente et dans les modèles de données.

En suivant ce cadre, les organisations peuvent s'assurer qu'elles exploitent efficacement l'analyse prédictive. Mais rappelez-vous que l'analyse prédictive n'est pas qu'une initiative ponctuelle. Au lieu de cela, il doit être intégré à vos processus commerciaux quotidiens, favorisant l'apprentissage continu et la prise de décision.

VIII. Tendances futures de l'analyse prédictive

A. Analyse prédictive et révolution de l'IA

Avec l'augmentation de la puissance de calcul et l'abondance des données disponibles, l'intelligence artificielle a considérablement remodelé la façon dont nous comprenons et exploitons l'analyse prédictive. Les méthodologies d'IA et d'apprentissage automatique ont connu un succès remarquable lorsqu'elles sont appliquées à des projets d'analyse prédictive. Ils ont permis de prévoir des modèles et des prévisions plus précis que les méthodes statistiques traditionnelles ne pouvaient pas capturer.

Depuis des années, les organisations utilisent l'analyse prédictive pour prévoir les résultats futurs sur la base de données historiques. Cependant, avec l'aide de l'IA, les entreprises peuvent désormais aller encore plus loin, en captant des modèles provenant de sources de données vastes et variées comme jamais auparavant. Cette fusion de l'IA et de l'analyse prédictive devient la pierre angulaire des processus décisionnels, allant de la segmentation des clients en marketing à la prévention de la fraude dans le secteur bancaire.

1. Modèles prédictifs basés sur l'IA

À mesure que nous nous dirigeons vers l'avenir, nous pouvons nous attendre à ce que les modèles prédictifs basés sur l'IA deviennent plus complexes et sophistiqués. Ces modèles prédisent non seulement les événements futurs, mais peuvent également prédire plusieurs événements liés en même temps, offrant ainsi une perspective future complète. Cela permettra une meilleure prise de décision, car les entreprises pourront se préparer à tous les résultats futurs possibles.

2. Analyse prédictive en temps réel

Nous nous dirigeons vers un changement de paradigme de l'analyse prédictive en temps réel. Les progrès de l'IA et de l'analyse des données permettent désormais de prédire les événements en temps réel. Cela signifie que les entreprises peuvent anticiper les exigences des clients, les changements du marché ou détecter les menaces potentielles en temps réel et prendre des mesures rapides.

3. IA explicable

À l'avenir, nous assisterons à des efforts visant à améliorer la transparence des prédictions de l'IA. Contrairement à la nature traditionnelle de « boîte noire » des modèles d'IA, où le processus de prise de décision est difficile à comprendre, l'IA explicable s'efforce de rendre le processus transparent et facile à interpréter. Cela améliorera non seulement la confiance dans les systèmes d'IA, mais permettra également d'affiner les modèles pour des prédictions plus précises.

4. Machines autonomes et Internet des objets (IoT)

Avec la prolifération des appareils IoT et des machines autonomes, l'analyse prédictive jouera un rôle clé dans la prévision des pannes d'équipement, l'optimisation des chaînes d'approvisionnement et l'amélioration des opérations. La maintenance prédictive, alimentée par des capteurs IoT, peut détecter les premiers signes de panne d'équipement, réduisant ainsi les temps d'arrêt et les coûts de réparation.

5. Confidentialité et sécurité

Alors que l'analyse prédictive s'appuie de plus en plus sur l'IA, les problèmes liés à la confidentialité et à la sécurité deviendront sans aucun doute plus importants. À mesure que les modèles d'IA apprennent de plus en plus de données, les méthodologies garantissant la protection de la vie privée et l'anonymisation des données dans les modèles d'apprentissage automatique seront cruciales.

6. Analyse prédictive dans le cloud

La tendance à déplacer l'analyse prédictive vers le cloud persistera, offrant aux entreprises des solutions évolutives, rentables et à distance. Les logiciels d'analyse prédictive basés sur le cloud permettront également aux organisations d'intégrer et de gérer plus facilement le Big Data.

En conclusion, les tendances futures de l'analyse prédictive sont profondément liées à la croissance des technologies d'IA et d'apprentissage automatique. Alors que nous nous dirigeons vers un avenir axé sur les données, il sera essentiel d'exploiter la véritable puissance de l'analyse prédictive pour permettre des décisions intelligentes et prédictives et pour construire des modèles commerciaux durables. Cela transformera notre façon de voir le monde et révolutionnera divers secteurs, de la santé à la finance, de la vente au détail à l'industrie manufacturière et au-delà.

"Changement de paradigmes : analyse prédictive et intelligence artificielle"

Alors que nous regardons dans notre boule de cristal pour avoir un aperçu de ce que l'avenir nous réserve en matière d'analyse prédictive, une tendance qui ressort clairement est la fusion de l'analyse prédictive et de l'intelligence artificielle (IA). Il s'agit d'une évolution qui s'appuie sur l'exploitation de la puissance des données pour obtenir des informations futures et qui va au-delà de la création de systèmes qui non seulement analysent mais apprennent également à partir des données.

Ces dernières années, la création et les progrès de l'IA ont été révolutionnaires. L'IA a le potentiel de remodeler considérablement diverses industries, car elle a apporté des progrès en matière d'automatisation et d'analyse capables de traiter de vastes volumes de données.

IA et modèles prédictifs

Les experts estiment que la fusion de l'IA et de l'analyse prédictive redéfinira le paysage de l'analyse des données. La capacité de l'IA en matière d'apprentissage, de perception, de résolution de problèmes et de prise de décision, associée à la force de l'analyse prédictive dans la prévision des résultats futurs sur la base de modèles historiques, ouvre la voie à de puissants modèles prédictifs.

L'une des façons dont l'IA améliore l'analyse prédictive réside dans sa capacité à traiter divers types de données. Traditionnellement, les modèles prédictifs fonctionnaient principalement avec des données numériques structurées. Mais la capacité de l'IA à gérer des données non structurées, telles que du texte, de la voix, des images et même du contenu vidéo, élargit la portée de l'analyse et permet d'obtenir des informations plus riches et plus approfondies qui auraient pu être inaccessibles autrement.

De plus, en permettant aux machines de comprendre et d'apprendre à partir des données, l'IA peut affiner automatiquement les modèles prédictifs au fil du temps. Ainsi, cela atténue le problème de la dégradation du modèle et garantit une meilleure qualité des prévisions futures.

Adopter l'IA dans les entreprises

Les entreprises, adoptant cette tendance, ont commencé à exploiter l'analyse prédictive basée sur l'IA pour automatiser les processus, prendre des décisions stratégiques éclairées par les données et offrir des expériences client personnalisées.

- **Automatisation des processus métier** : de nombreuses entreprises exploitent désormais des modèles prédictifs basés sur l'IA pour automatiser les tâches de routine. De la prévision des ventes à l'évaluation des risques, l'IA gère tout, libérant ainsi les ressources humaines pour des tâches et des prises de décision plus complexes.

- **Prise de décision stratégique** : grâce à des capacités de données accrues, les entreprises peuvent prédire les tendances, identifier les opportunités et traiter de manière préventive les menaces potentielles avec plus de précision. Cette prospective offre un avantage concurrentiel dans un paysage commercial en constante évolution et permet d'aligner plus efficacement les stratégies et les opérations.
- **Expérience client personnalisée** : L'une des applications les plus notables de la synergie IA-Analyse prédictive réside dans la personnalisation. Les entreprises peuvent prédire les comportements, les préférences et le taux de désabonnement potentiel des clients, offrant ainsi un parcours client sur mesure qui améliore l'engagement et favorise la fidélité.

Défis et voie à suivre

Malgré des perspectives prometteuses, l'intégration de l'IA dans l'analyse prédictive n'est pas sans défis. La dépendance à l'IA – et par extension aux données – soulève d'importantes préoccupations concernant la sécurité et la confidentialité des données. De plus, les entreprises qui franchissent les premières étapes de l'adoption de l'IA sont souvent confrontées à des coûts initiaux élevés, à des modifications opérationnelles, à un manque de ressources qualifiées et à des divergences réglementaires.

Malgré ces défis, la fusion de l'IA et de l'analyse prédictive recèle un immense potentiel. Les progrès technologiques, associés à une compréhension évolutive de la valeur des données, en font une tendance qui ne peut et ne doit pas être négligée.

À l'avenir, il est impératif que les entreprises non seulement se préparent à ce changement, mais recherchent également activement des moyens d'exploiter la puissance de l'analyse prédictive intégrée à l'IA. À mesure que de plus en plus d'entreprises exploitent la combinaison convaincante de l'analyse prédictive et de l'IA, l'innovation, l'efficacité et la précision continueront de prospérer dans le paysage du futur basé sur les données.

1. L'impact de l'intelligence artificielle sur l'analyse prédictive

Avec les progrès technologiques continus, l'intelligence artificielle (IA) fait de plus en plus partie intégrante de l'analyse prédictive. La possibilité pour l'IA d'apprendre à partir d'ensembles de données lui permet de faire des prédictions plus précises en fonction des informations qui lui sont fournies. Essentiellement, les machines IA apprennent des données historiques pour prédire les résultats futurs.

Modèles d'IA dans l'analyse prédictive

Plusieurs modèles d'IA sont utilisés dans l'analyse prédictive, allant des réseaux de neurones, des arbres de décision et des algorithmes génétiques aux modèles de logique floue et aux modèles de régression. Les modèles prédictifs d'IA ont la capacité impressionnante de gérer une grande quantité de données provenant de diverses sources et variables, ce qui les rend efficaces pour présenter des prédictions plus précises que les modèles traditionnels.

Précision prédictive améliorée

L'IA transforme fondamentalement l'analyse prédictive en améliorant considérablement la précision prédictive. Les algorithmes modernes basés sur l'IA peuvent gérer et interpréter, avec une grande précision, des modèles complexes au sein du Big Data. En plus de traiter des données structurées, l'IA excelle également dans le traitement de données non structurées, permettant de générer des prédictions à partir de diverses sources de données telles que du texte, de la parole et des images.

Transformation des industries grâce à l'analyse prédictive assistée par l'IA

L'analyse prédictive assistée par l'IA transforme de nombreux secteurs, les secteurs de la santé, de la finance et de la vente au détail étant plus particulièrement touchés. Dans le domaine de la santé, l'analyse prédictive est exploitée pour anticiper les épidémies, diagnostiquer les maladies précocement et améliorer les traitements personnalisés. En finance, l'IA est utilisée pour prédire les tendances du marché, évaluer le risque de crédit et détecter les activités frauduleuses. Les détaillants utilisent l'IA pour optimiser la gestion des stocks, améliorer l'expérience client et anticiper le comportement et les tendances des consommateurs.

2. Arrivée de l'analyse prédictive en temps réel

Une autre tendance future dans le monde de l'analyse prédictive est l'avènement de l'analyse prédictive en temps réel. La nécessité de prendre des décisions plus rapides dans le monde actuel, en évolution rapide et axé sur les données, a donné naissance à cette tendance. En analysant les données en temps réel, les parties prenantes concernées peuvent prendre des décisions instantanées et éclairées.

Rôle de l'IoT dans l'analyse prédictive en temps réel

L'Internet des objets (IoT) accélère radicalement la mise en œuvre de l'analyse prédictive en temps réel. Avec la prolifération des appareils IoT, les organisations peuvent désormais accéder à un flux continu de données en temps réel, qui peuvent être analysées instantanément. Cela permet aux organisations de détecter et de résoudre rapidement les problèmes, atténuant ainsi les risques et profitant des opportunités en temps réel.

3. Automatisation de l'analyse prédictive

L'automatisation de l'analyse prédictive est une autre tendance prospective qui devrait révolutionner le paysage de l'analyse. Cela implique d'utiliser la technologie pour effectuer des tâches qui nécessiteraient traditionnellement une intervention humaine.

Impact de l'automatisation sur la main-d'œuvre

L'automatisation de l'analyse prédictive pourrait entraîner des pertes d'emploi. Cependant, il est plus probable qu'il s'agisse d'une redéfinition des rôles professionnels plutôt que d'une suppression totale. Au lieu d'effectuer une analyse de données de routine, les data scientists peuvent se concentrer sur l'interprétation et la prise de décisions basées sur les résultats de l'analyse des données. Ainsi, l'automatisation est susceptible de conduire à une utilisation plus efficace des ressources humaines.

Ce ne sont là qu'un aperçu de l'avenir de l'analyse prédictive. À mesure que la technologie continue d'évoluer et de devenir plus sophistiquée, il est passionnant de réfléchir à la myriade de façons dont l'analyse prédictive transformera la façon dont nous prenons des décisions prédictives. Cette évolution continue souligne encore davantage l'importance d'exploiter la puissance de l'analyse prédictive.

8.1 Analyse prédictive et intelligence artificielle (IA)

L'intersection de l'analyse prédictive et de l'intelligence artificielle (IA) devrait devenir l'une des tendances majeures de l'avenir. L'IA est devenue une nouvelle norme en matière d'informatique intelligente et modifie rapidement le paysage de l'analyse prédictive. L'analyse prédictive s'appuie fortement sur des algorithmes et des modèles capables d'analyser, d'analyser et d'interpréter rapidement de vastes ensembles de données. Un système basé sur l'IA a la capacité non seulement de traiter ces données à des vitesses incroyables, mais également d'en tirer des leçons.

L'apprentissage automatique, un sous-ensemble de l'IA, est l'un des acteurs clés de cette évolution. Les algorithmes apprennent à partir des données historiques, créent des modèles, puis font des prédictions sur les données futures, permettant ainsi l'automatisation d'un nombre important de processus. La mise en œuvre croissante de ces outils devrait accélérer le développement de l'analyse prédictive.

8.2 Omniprésence de l'analyse prédictive

L'analyse prédictive élargit ses horizons au-delà des applications industrielles et commerciales. L'avenir verra l'analyse prédictive dans des scénarios quotidiens tels que la forme physique, la sécurité domestique, l'agriculture et même la politique. Désormais, les outils prédictifs ne sont pas seulement le point fort des entreprises. Une large gamme d'appareils personnels permet aux utilisateurs de générer des données et de produire des prédictions personnalisées. Cette présence de plus en plus courante est révélatrice de l'importance et du caractère pratique croissants de l'analyse prédictive dans divers domaines.

8.3 Le cloud et l'analyse prédictive

Avec l'essor du cloud computing, l'analyse prédictive a connu un potentiel de croissance considérable. Le cloud facilite la gestion et l'analyse du Big Data. Les tendances futures pointent vers une évolution de l'analyse prédictive vers des plateformes basées sur le cloud. Avec la disponibilité croissante des données dans le cloud, les organisations peuvent tirer parti de cette flexibilité et de cette évolutivité pour exécuter des analyses prédictives plus efficacement, extrayant ainsi des informations précieuses en temps réel.

8.4 Sensibilité temporelle et prévisions en temps réel

À mesure que nous avançons dans l'ère de la transformation numérique, l'importance des données en temps réel augmente de façon exponentielle. L'analyse prédictive futuriste ne consistera pas seulement à faire des prédictions précises, mais également à réaliser ces prédictions en temps réel. Des analyses plus rapides et des informations opportunes deviendront plus essentielles pour piloter les décisions commerciales et les actions stratégiques. L'intégration de l'analyse du streaming dans les modèles prédictifs pourrait changer la donne dans ce contexte.

8.5 Problèmes de confidentialité et de sécurité

Avec les progrès de l'analyse prédictive, les problèmes de confidentialité et de sécurité seront également sous le feu des projecteurs. À l'avenir, les réglementations concernant la confidentialité des données pourraient devenir plus strictes. L'analyse prédictive, qui repose en grande partie sur les données, devra trouver un équilibre entre ses objectifs et les normes réglementaires nécessaires.

Pour conclure, le domaine de l'analyse prédictive est dynamique et évolutif. Les innovations, telles que l'IA et l'apprentissage automatique, révolutionnent ses capacités et ses applications. Pourtant, elle doit être complétée par des politiques robustes de gouvernance des données pour respecter les données privées des utilisateurs. Les tendances futures indiquent une trajectoire passionnante pour ce domaine, la technologie repoussant sans cesse les limites du possible.

Exploiter l'apprentissage automatique pour l'analyse prédictive

L'une des tendances futures les plus intéressantes en matière d'analyse prédictive est l'intégration des techniques d'apprentissage automatique dans les modèles statistiques traditionnels. L'apprentissage automatique, un sous-ensemble de l'intelligence artificielle, permet aux ordinateurs d'apprendre et de prendre des décisions basées sur des données sans être explicitement programmés.

L'exploitation de l'apprentissage automatique pour l'analyse prédictive signifie que les algorithmes peuvent continuellement apprendre de nouvelles données et s'adapter en conséquence. Cela représente un changement radical dans la puissance prédictive, avec des modèles d'apprentissage automatique modernes capables de surpasser les techniques statistiques traditionnelles, en particulier sur des ensembles de données volumineux et complexes.

Apprentissage supervisé et non supervisé

Le cœur de l'apprentissage automatique s'articule autour de deux types d'apprentissage : l'apprentissage supervisé et l'apprentissage non supervisé.

Dans l'apprentissage supervisé, un algorithme est entraîné sur un ensemble de données étiqueté, ce qui signifie qu'il possède à la fois les paramètres d'entrée et la sortie souhaitée. L'algorithme apprend la relation entre l'entrée et la sortie pendant la formation et applique ces connaissances à de nouvelles données invisibles.

L'apprentissage non supervisé, en revanche, fonctionne avec des ensembles de données sans étiquettes. Le but de l'apprentissage non supervisé est de trouver des modèles et des relations dans les données. L'analyse groupée est une technique d'apprentissage non supervisée courante qui regroupe les points de données en fonction de leur similarité.

Révolution de l'apprentissage profond

Un type particulier de modèle d'apprentissage automatique appelé Deep Learning a gagné en popularité au cours des dernières années en raison de sa capacité à apprendre à partir d'ensembles de données complexes et vastes. L'apprentissage profond utilise des réseaux de neurones artificiels à plusieurs couches (d'où le terme « profond ») pour augmenter la précision de tâches telles que la reconnaissance d'objets, la reconnaissance vocale et désormais l'analyse prédictive.

Ces modèles se sont révélés incroyablement efficaces dans des tâches où la solution implique de mapper des entrées complexes sur des sorties et d'apprendre à partir d'exemples. L'avènement du Big Data a donné un élan significatif à la révolution du Deep Learning, car il repose sur l'utilisation de grandes quantités de données pour faire des prédictions précises ou extraire des informations précises.

Analyse prédictive en temps réel

Une autre tendance passionnante en matière d'analyse prédictive est l'analyse en temps réel. Grâce à la puissance de calcul actuelle associée aux modèles d'apprentissage automatique, nous pouvons effectuer des analyses prédictives en temps réel, donnant ainsi aux dirigeants d'entreprise et aux décideurs des informations instantanées pour éclairer leurs initiatives stratégiques.

La valeur de l'analyse prédictive en temps réel s'étend non seulement à la prise de meilleures décisions plus rapidement, mais également à l'ajustement des actions ou

135

des décisions en réponse à des situations changeantes. Il s'agit d'une forme de microstratégie qui peut éclairer des décisions granulaires « à la volée » et qui est particulièrement utile pour les secteurs où les conditions peuvent changer rapidement, comme la finance et la vente au détail.

Transparence et préoccupations éthiques

Comme pour tous les outils puissants, l'utilisation de l'apprentissage automatique dans l'analyse prédictive soulève des questions éthiques. Les questions de confidentialité des données, de transparence dans la manière dont les modèles effectuent des prédictions et de risque de biais algorithmique sont autant de préoccupations majeures.

Des progrès récents ont été réalisés dans le développement de modèles d'apprentissage automatique « explicables » qui peuvent fournir un aperçu de la manière dont ils sont parvenus à une détermination. Cependant, de nombreux modèles d'apprentissage automatique hautes performances sont encore considérés comme des « boîtes noires », avec peu de transparence dans le processus décisionnel interne.

Il est probable que la transparence dans l'apprentissage automatique deviendra un problème plus important à l'avenir, à mesure que les préoccupations éthiques et de gouvernance grandissent, poussant au développement d'une IA interprétable et responsable.

En conclusion, l'exploitation des techniques d'apprentissage automatique pour l'analyse prédictive présente une tendance future passionnante et innovante. La combinaison de modèles avancés d'apprentissage automatique, d'une puissance de calcul accrue et d'une vaste disponibilité de données entraînera sans aucun doute des percées dans l'analyse prédictive, ouvrant de nouvelles opportunités et de nouveaux défis.

IX. Défis et limites de l'analyse prédictive

Sous-section - Comprendre la complexité et les implications éthiques de l'analyse prédictive

L'analyse prédictive présente des avantages évidents pour optimiser divers processus et améliorer la prise de décision. Pourtant, bien qu'elle offre des avantages significatifs, l'utilisation efficace de l'analyse prédictive n'est pas sans défis. En fait, il présente une complexité et des considérations éthiques importantes que les organisations doivent comprendre et traiter de manière adéquate pour garantir une utilisation éthique et optimale.

Qualité et gestion des données

La qualité des données a un impact significatif sur l'efficacité de l'analyse prédictive. Le principe « garbage in, garbage out » semble vrai dans l'analyse prédictive. Des données invalides, incomplètes ou biaisées peuvent conduire à des conclusions erronées et à une prise de décision erronée. De plus, l'analyse prédictive nécessite des volumes de données importants, ce qui fait de la gestion des données un autre défi potentiel. Des problèmes de stockage, de récupération et de nettoyage des données peuvent survenir, affectant le processus analytique global.

Précision du modèle

Les modèles prédictifs s'appuient sur des données et des tendances historiques, en supposant que les tendances futures ressembleront aux tendances passées. Toutefois, de nouveaux événements ou des facteurs inconnus peuvent fausser cette tendance, entraînant des inexactitudes. Dans ces cas-là, les modèles prédictifs peuvent échouer, entraînant des conséquences potentiellement néfastes. Le défi réside donc dans l'amélioration de la robustesse et de l'adaptabilité du modèle.

Écart de compétences

L'interprétation et la mise en œuvre efficaces de l'analyse prédictive nécessitent des compétences spécialisées. Les organisations sont souvent confrontées à un manque d'expertise, ce qui peut entraver une bonne adoption. La formation du personnel, la collaboration avec des experts ou l'utilisation d'outils automatisés font partie des solutions à cette limitation, mais comportent leurs propres défis et coûts.

Transparence et confiance

La complexité des modèles prédictifs peut rendre difficile pour les non-experts de comprendre comment ils dérivent leurs prédictions ou recommandations. Ce manque de transparence peut conduire à la méfiance et à une adoption réduite. Veiller à ce que les modèles soient interprétables et explicables peut permettre de surmonter ce défi, mais il s'agit souvent d'un compromis entre la précision et la profondeur du modèle.

Conformité réglementaire

L'analyse prédictive reposant sur des données, les organisations doivent se conformer à diverses lois sur la protection des données et la confidentialité, telles que le Règlement général sur la protection des données (RGPD). Ces contraintes réglementaires peuvent limiter l'utilisation et le partage des données, ce qui peut affecter les performances des modèles prédictifs.

Implications éthiques

L'analyse prédictive peut potentiellement déclencher des controverses éthiques, en particulier si les résultats favorisent ou discriminent accidentellement des groupes particuliers en fonction d'attributs sensibles tels que la race, le sexe ou le statut socio-économique. Les décisions biaisées qui en résultent peuvent avoir un impact négatif sur la réputation et la situation juridique d'une organisation. La gestion et l'utilisation éthiques des données constituent une préoccupation importante qui exige une approche prudente de l'application de l'analyse prédictive.

Résistance au changement

Les humains résistent naturellement au changement ; ainsi, la transformation des processus décisionnels manuels en processus fondés sur les données et la technologie peut se heurter à des résistances. Une gestion stratégique du changement qui met l'accent sur les avantages et garantit la participation des parties prenantes peut aider à surmonter cette limitation.

L'analyse prédictive est un outil puissant, mais elle doit être utilisée de manière réfléchie et non considérée comme une solution magique. Reconnaître ces limites et défis aidera les organisations à tirer parti de l'analyse prédictive de manière éthique, efficace et percutante.

En conclusion, comprendre ces défis permet aux organisations de mettre en œuvre les bonnes stratégies pour surmonter ces limitations et exploiter le véritable potentiel de l'analyse prédictive, garantissant ainsi que les prévisions futures qu'elles font sont aussi précises et précieuses que possible. L'utilisation responsable de l'analyse prédictive permet aux organisations de profiter des avantages de la technologie tout en garantissant qu'elles continuent à fonctionner dans le respect des limites éthiques, préservant ainsi la confiance du public dans leurs opérations. Il est évident que même si l'analyse prédictive peut transformer les opérations commerciales, la réalisation de son plein potentiel nécessite un examen attentif et une gestion des défis et des limites associés.

Sous-section : Comprendre les subtilités impliquées dans l'analyse prédictive

Même si l'analyse prédictive offre un éventail impressionnant d'avantages et d'opportunités aux entreprises de divers secteurs, il est essentiel que nous reconnaissions et comprenions également ses limites. Plusieurs facteurs peuvent entraver l'efficacité des modèles prédictifs, allant des problèmes de données aux défis de mise en œuvre. Voici un aperçu détaillé de certains des principaux défis et limites que présente l'analyse prédictive :

1. **Problèmes de qualité des données :** l'analyse prédictive dépend en grande partie de la qualité des données disponibles. Si les données sont incomplètes, incohérentes, obsolètes ou inexactes, l'efficacité de l'analyse prédictive peut être gravement entravée. Les données doivent être bien gérées, régulièrement mises à jour et soigneusement nettoyées. Les valeurs aberrantes doivent également

être correctement traitées car elles peuvent fausser les résultats.

2. **Modèles de surajustement et de sous-ajustement :** cela peut constituer un problème important dans la modélisation prédictive. Le surajustement se produit lorsque le modèle est trop complexe et commence à capter du bruit aléatoire au lieu de décrire les relations sous-jacentes. D'un autre côté, le sous-apprentissage se produit lorsque le modèle est trop simple pour capturer toutes les relations entre les données. Le surapprentissage et le sous-apprentissage peuvent conduire à des prédictions inexactes et peu fiables.

3. **La corrélation n'implique pas la causalité :** l'analyse prédictive peut identifier des modèles et des relations entre différentes variables, mais elle ne peut pas toujours établir l'effet causal, c'est-à-dire si une variable est la raison du changement dans une autre. L'incapacité à déterminer les relations causales peut parfois conduire à des prédictions trompeuses.

4. **Données sensibles au temps :** les modèles prédictifs développés à l'aide de données historiques pourraient ne pas être précis à l'avenir si les données dépendent fortement du temps. Les changements de comportement des clients, les tendances du marché ou les conditions environnementales peuvent avoir un impact significatif sur la précision du modèle.

5. **S'appuyer sur l'expertise du domaine :** l'analyse prédictive peut suggérer ce qui pourrait se produire dans le futur, mais décider de l'action à entreprendre sur la base de cette prédiction nécessite souvent une connaissance approfondie du domaine. Un modèle prédictif peut indiquer la probabilité de désabonnement des clients, mais la stratégie efficace pour fidéliser le client a besoin d'une expertise dans le domaine.

6. **Transparence et confiance :** les modèles prédictifs, en particulier ceux qui utilisent des algorithmes complexes, peuvent être comme des « boîtes noires » qui génèrent des prédictions sans fournir une compréhension claire de la manière dont ils sont parvenus à cette prédiction. Ce manque de transparence peut entraver la confiance et empêcher leur acceptation plus large.

7. **Problèmes d'éthique et de confidentialité :** les analyses prédictives nécessitent souvent l'utilisation de données personnelles sensibles. Cependant, il est essentiel de gérer cette situation de manière responsable. Ne pas respecter les réglementations sur la confidentialité des données et les considérations éthiques lors du traitement de ces données peut entraîner de graves répercussions.

8. **Déploiement et maintenance à long terme :** à mesure que les modèles de marché et le comportement des clients évoluent, les modèles prédictifs nécessitent une mise à jour et une maintenance régulières pour garantir une précision et une pertinence continues. Cela peut s'avérer être une tâche difficile nécessitant des efforts et des ressources considérables.

Même si ces défis posent certaines difficultés, il est souvent moins utile d'atteindre la perfection en matière d'analyse prédictive que de simplement progresser. L'essentiel est d'être conscient de ces limites et de prendre des mesures pour minimiser leurs impacts. Malgré les limites énumérées, les avantages de l'analyse prédictive dépassent de loin les difficultés, ce qui en fait un outil essentiel dans le paysage commercial moderne. La clé n'est pas de s'appuyer uniquement sur la technologie, mais de l'exploiter en conjonction avec le jugement et l'expertise humaine.

IX.1 Comprendre les limites de l'analyse prédictive

Bien que l'analyse prédictive offre des avantages prometteurs, il est important de comprendre que la technologie n'est pas infaillible et comporte son ensemble unique de défis et de limites. Aucune technique de modélisation prédictive ne peut garantir une précision à 100 % – un certain degré d'incertitude prévaut toujours.

1. Qualité et quantité des données

La précision de l'analyse prédictive dépend fortement de la qualité et de la quantité des données utilisées. L'utilisation de données incomplètes, incorrectes, obsolètes ou biaisées peut conduire à des prédictions erronées. De plus, les modèles prédictifs nécessitent de gros volumes de données pour fonctionner efficacement. Si les données disponibles ne sont pas suffisantes, le modèle analytique peut produire des prédictions inexactes.

2. Interprétation des données

Interpréter correctement les résultats constitue un autre défi de l'analyse prédictive. Il existe des cas où les modèles peuvent prédire un résultat incompatible avec la réalité sous-jacente. Si l'interprétation est incorrecte, les décisions fondées sur ces prédictions peuvent conduire à des résultats indésirables. Les modèles ne valent que par les personnes qui les interprètent.

3. Surajustement et sous-ajustement

Les modèles prédictifs, en particulier ceux basés sur des algorithmes d'apprentissage automatique, peuvent souffrir de problèmes de surajustement et de sous-apprentissage.

Le surajustement se produit lorsqu'un modèle est trop complexe et inclut des effets aléatoires plutôt que systématiques, ce qui fait que le modèle s'adapte trop bien à un ensemble de données spécifique et fonctionne mal avec de nouvelles données. D'un autre côté, le sous-ajustement se produit lorsque le modèle est trop simple et ne parvient pas à capturer les tendances importantes des données, ce qui entraîne de mauvaises prévisions.

4. Actualité des prévisions

Le pouvoir prédictif des modèles tend à se dégrader avec le temps. En effet, les modèles et relations sous-jacents dans les données peuvent changer. Les modèles doivent être régulièrement mis à jour et testés par rapport aux données récentes pour garantir qu'ils restent valides.

5. Problèmes d'éthique et de confidentialité

L'utilisation de l'analyse prédictive peut également soulever des problèmes d'éthique et de confidentialité. Les modèles peuvent parfois révéler des données sensibles ou donner lieu à des pratiques discriminatoires, notamment lorsque les données incluent des identifiants personnels. Il est donc crucial de respecter les réglementations en matière de confidentialité et les normes éthiques lors de l'utilisation de l'analyse prédictive.

6. Coûteux et fastidieux

Le processus de collecte de données, d'analyse et de création de modèles pour l'analyse prédictive peut être coûteux et chronophage. En outre, il faut investir suffisamment d'intelligence humaine et de temps pour comprendre et exploiter correctement les résultats.

7. Dépendance à l'égard des connaissances du domaine

Enfin, la réussite des projets d'analyse prédictive dépend généralement d'une expertise approfondie en la matière. Même si le processus a pu être automatisé, les informations résultant de ces modèles ne sont pas toujours évidentes et peuvent nécessiter une expertise approfondie du domaine pour être réalisées et mises en œuvre.

L'identification des limites et des défis implicites de l'analyse prédictive souligne l'importance d'un raffinement et d'un ajustement continus. Réaliser que les modèles prédictifs ne doivent pas être utilisés comme principaux outils de prise de décision mais plutôt comme composants de soutien est un élément crucial pour utiliser efficacement l'analyse prédictive.

Obstacles à l'intégration de l'analyse prédictive

Bien que l'analyse prédictive ait le potentiel de transformer radicalement les entreprises en offrant des informations précieuses pour l'avenir, la mise en œuvre de cet outil puissant révèle un ensemble unique de défis :

Qualité des données:

L'un des aspects les plus critiques influençant le succès ou l'échec d'un modèle prédictif est la qualité des données utilisées. Une mauvaise qualité des données peut fausser les prédictions, conduisant à des conclusions inexactes et à des stratégies peu judicieuses. On estime que des données de mauvaise qualité coûtent à l'économie américaine plus de 3 100 milliards de dollars chaque année (source). Le nettoyage, l'enrichissement et la validation des données peuvent prendre du temps mais constituent des étapes nécessaires dans la phase de prétraitement des données.

Manque d'analystes qualifiés :

La conception, la mise en œuvre et l'interprétation des résultats de modèles d'analyse prédictive nécessitent souvent un mélange d'expertise en statistiques, en science des données et en apprentissage automatique. Cependant, il existe une pénurie importante de professionnels qualifiés, ce qui peut entraver la croissance et l'application de l'analyse prédictive. Selon un rapport de McKinsey, les États-Unis pourraient être confrontés à une pénurie de 140 000 à 190 000 professionnels dotés de compétences analytiques approfondies d'ici 2028 (source)

Problèmes de confidentialité et de sécurité des données :

Étant donné que l'analyse prédictive exploite d'énormes quantités de données, cela présente également des risques importants en termes de confidentialité et de sécurité des données. Les organisations doivent s'assurer qu'elles respectent les lois et réglementations nécessaires lorsqu'elles traitent des données sensibles, telles que le RGPD en Europe et le CCPA en Californie.

Coûts de mise en œuvre :

L'intégration d'outils d'analyse prédictive dans les opérations existantes peut impliquer un investissement substantiel en termes de ressources financières et de temps. Les coûts associés à l'achat ou au développement de logiciels d'analyse prédictive, à la formation du personnel et à la maintenance de ces systèmes peuvent être importants.

Interprétation erronée du résultat :

Les modèles prédictifs offrent des probabilités et non des certitudes. Les entreprises qui ne comprennent pas correctement cet aspect peuvent accorder trop de confiance à un seul résultat, ce qui pourrait conduire à des actions incorrectes. Par conséquent, comprendre et interpréter correctement les résultats est important pour les organisations.

Considérations éthiques:

Le déploiement de l'analyse prédictive peut être considéré comme discriminatoire s'il utilise des données pour cibler injustement des individus ou des groupes spécifiques en vue d'actions. On craint également que les modèles prédictifs ne renforcent les biais existants présents dans les données.

Limites de l'analyse quantitative :

L'analyse prédictive repose principalement sur l'analyse quantitative. Cependant, certains aspects tels que le comportement humain, la culture d'entreprise ou les tendances sociales plus larges ne sont pas facilement quantifiables, mais peuvent influencer considérablement la précision des modèles prédictifs.

Nature dynamique des marchés :

Les marchés sont des environnements en constante évolution. Un modèle prédictif qui fonctionne bien aujourd'hui ne sera peut-être pas nécessairement adapté aux circonstances futures. L'analyse prédictive doit constamment s'adapter et évoluer pour fournir des informations précieuses dans un scénario aussi dynamique.

Malgré ces défis, les avantages de l'intégration de l'analyse prédictive dans le processus décisionnel d'une organisation peuvent être énormes. Avec les stratégies et les outils appropriés, les entreprises peuvent surmonter ces défis et exploiter la puissance de l'analyse prédictive pour stimuler la croissance. Comme le dit le proverbe : « Il est difficile de faire des prévisions, surtout concernant l'avenir », mais grâce à l'analyse prédictive, les organisations sont mieux équipées que jamais pour relever ce défi.

Comprendre les limites des techniques d'analyse prédictive

Malgré le pouvoir transformateur de l'analyse prédictive, il est essentiel de comprendre que les modèles prédictifs ne sont pas des prémonitions infaillibles. Ils sont intrinsèquement liés aux données sur lesquelles ils sont basés, aux algorithmes utilisés pour traiter ces données et à la capacité d'améliorer de manière itérative le modèle développé. Plusieurs limites inhérentes à l'analyse prédictive fournissent des enseignements précieux sur la manière dont cette technologie peut être mise en œuvre efficacement et consciemment comprise.

Qualité et exhaustivité des données

L'adage « garbage in, garbage out » est vrai dans le monde de l'analyse prédictive. La qualité des modèles dépend de la qualité des données qui les alimentent. L'analyse prédictive nécessite des données propres, de haute qualité et correctement formatées afin de générer des prédictions précises et fiables. Les données inexactes, incomplètes ou biaisées peuvent conduire à des modèles produisant des prédictions trompeuses ou biaisées négativement.

De même, même des données bien collectées ont leurs limites car elles ne représentent que des facteurs passés et présents. Si des événements inattendus ou sans précédent (tels qu'une pandémie mondiale ou un effondrement économique) se produisent, le modèle peut être considérablement sous-performant puisqu'il ne dispose d'aucune donnée préalable sur laquelle fonder de telles prévisions.

Complexité du modèle et surajustement

La complexité du modèle peut également constituer une limite. Les modèles complexes peuvent fonctionner exceptionnellement bien sur les données d'entraînement, mais échouer lamentablement sur de nouvelles données car ils ont surajusté les données d'entraînement. Le surajustement se produit lorsqu'un modèle apprend les détails et le bruit des données d'entraînement dans la mesure où cela a un impact négatif sur les performances du modèle sur les nouvelles données. Cela signifie que le bruit ou les fluctuations aléatoires des données d'entraînement sont captés et appris en tant que concepts par le modèle, ce qui le rend moins précis lors de la prévision des résultats pour de nouvelles instances de données.

Incertitude et faux positifs

L'incertitude est une autre limite de l'analyse prédictive. Même si des prévisions sont générées, il peut s'avérer difficile de déterminer avec précision la probabilité d'occurrence en raison de la nature en constante évolution des facteurs externes. De plus, un modèle peut générer des prédictions comportant un certain degré d'erreur, également appelées faux positifs ou faux négatifs. Ces fausses prédictions peuvent conduire à un gaspillage de ressources ou à des décisions mal informées si elles ne sont pas correctement identifiées et gérées.

Problèmes d'éthique et de confidentialité

Étant donné que les modèles prédictifs nécessitent souvent des données volumineuses, des problèmes liés à la confidentialité et à la protection des données peuvent survenir. De plus, l'analyse prédictive peut, par inadvertance, conduire à des dilemmes éthiques. Par exemple, des données biaisées peuvent conduire à des prédictions biaisées, favorisant des résultats discriminatoires, même inconsciemment. Reconnaître et atténuer ces biais potentiels est crucial pour une utilisation responsable de l'analyse prédictive.

Technologie en évolution

À mesure que la technologie continue d'évoluer, le paysage de l'analyse prédictive évolue également. De nouvelles méthodes et approches émergent continuellement tandis que les plus anciennes mûrissent ou deviennent obsolètes. Cela peut rendre difficile la sélection de la méthode appropriée et peut même nécessiter un changement de stratégie à mi-chemin pendant la phase de conception ou de déploiement du modèle.

Mesurez l'efficacité de votre analyse prédictive non seulement en termes de précision, mais également en appréciant ses limites et en remettant constamment en question la qualité de vos données d'entrée, l'adéquation du modèle que vous avez choisi, la clarté des résultats que vous avez définis et l'impact des facteurs externes imprévus. variables. Ce n'est qu'alors que vous pourrez exploiter pleinement le véritable pouvoir de l'analyse prédictive pour prévoir et façonner les événements futurs.

X. Transformer l'analyse prédictive en informations exploitables

XI Comprendre les bases des informations exploitables

Pour bien comprendre comment l'analyse prédictive peut être transformée en informations exploitables, il est essentiel de comprendre d'abord ce que recouvrent les informations exploitables. Une information exploitable est une information sur laquelle une entreprise peut s'appuyer pour prendre des décisions stratégiques. Il offre aux managers des informations tangibles qui, lorsqu'elles sont exploitées, permettent d'améliorer les opérations commerciales, l'expérience client et, en fin de compte, les résultats financiers. Ces informations sont dérivées de données analysées qui révèlent des tendances, des modèles et des associations concernant le comportement des consommateurs et les performances de l'entreprise.

Dans le contexte de l'analyse prédictive, ces informations peuvent prendre la forme de prédictions sur les tendances futures, le comportement des clients, les évolutions du marché et d'autres mesures opérationnelles essentielles au succès de l'entreprise. Quelques exemples sont la prévision du taux de désabonnement des clients, la prévision des ventes futures et l'estimation des effets de décisions commerciales spécifiques.

X.II. Le processus de création d'informations exploitables

L'analyse prédictive, une composante de l'analyse des données, se concentre principalement sur l'utilisation de données, d'algorithmes statistiques et de techniques d'IA, pour identifier la probabilité de résultats futurs sur la base de données historiques. La génération d'informations exploitables grâce à l'analyse prédictive peut être réalisée via un processus défini qui implique les étapes suivantes :

1. **Collecte de données** : le processus commence par la collecte de données provenant de diverses sources telles que les systèmes d'entreprise, les plateformes de commentaires des clients, les médias sociaux, les canaux d'interaction avec les clients, les bases de données publiques, etc. La richesse et la variété des données collectées à cette phase jouent un rôle crucial dans la qualité des informations qui seront générées.

2. **Nettoyage et préparation des données** : cette étape implique la suppression des erreurs, des informations en double, des données non pertinentes et de toute autre divergence susceptible de compromettre la fiabilité des informations exploitables produites.

3. **Analyse** : c'est l'étape où les modèles prédictifs sont construits et appliqués, souvent à l'aide d'algorithmes avancés et de techniques d'apprentissage automatique. L'objectif principal de cette phase est d'identifier les modèles et les relations entre les variables des données qui peuvent être analysées pour prédire les résultats futurs.

4. **Génération d'informations** : c'est là que les résultats de l'analyse sont interprétés et traduits en informations ou recommandations directement applicables aux opérations ou stratégies commerciales.

5. **Mise en œuvre :** La phase finale consiste à utiliser les informations pour éclairer la prise de décision et la planification des actions. Cela peut impliquer un large éventail d'actions, en fonction des informations spécifiques obtenues et de la nature de l'entreprise.

X.III. La valeur des informations exploitables dans l'analyse prédictive

Transformer l'analyse prédictive en informations exploitables est d'une importance capitale, car c'est cette transformation qui ajoute de la valeur à une organisation. L'analyse prédictive à elle seule est idéale pour anticiper ce qui pourrait arriver dans le futur. Cependant, sans convertir ces prédictions en stratégies concrètes, les informations sont essentiellement de peu d'utilité.

Par exemple, si l'analyse prédictive révèle qu'une entreprise risque de perdre une partie considérable de ses clients au cours du prochain trimestre, les informations exploitables peuvent guider l'entreprise à investir dans des programmes de fidélisation de la clientèle.

De plus, les informations exploitables offrent un point de référence tangible pour la planification stratégique. Au lieu de vagues notions ou hypothèses sur les performances commerciales et les conditions du marché, les entreprises peuvent exploiter ces informations pour prendre des décisions fondées sur des données qui les rapprochent de leurs objectifs.

En conclusion, alors que l'analyse prédictive agit comme l'œil qui aide les entreprises à voir l'avenir probable, les informations exploitables sont les pieds qui aident ces entreprises à progresser stratégiquement vers le succès futur.

XY Comprendre les informations exploitables et leur importance

Avant d'examiner comment transformer l'analyse prédictive en informations exploitables, il est important de comprendre ce que sont les informations exploitables et pourquoi elles sont cruciales dans un paysage commercial axé sur la technologie.

Le terme « informations exploitables » fait référence à des informations précieuses extraites de vos données et sur lesquelles vous pouvez agir pour améliorer les stratégies et les opérations commerciales. Dans le domaine de l'analyse des données, cela se traduit par les connaissances acquises à partir des tendances et modèles statistiques et converties en stratégie ou action. Une vision exploitable ne consiste pas seulement à comprendre les informations cachées dans les données, mais également à transformer cette compréhension en actions appropriées, soutenant efficacement les processus de prise de décision.

L'importance de ces connaissances ne peut être surestimée. Dans l'environnement commercial concurrentiel d'aujourd'hui, les organisations qui peuvent rapidement exploiter des informations exploitables pour s'adapter aux changements disposent d'un avantage stratégique. Grâce à ces informations, les entreprises peuvent établir des prévisions plus précises, optimiser les processus, améliorer la satisfaction des clients, augmenter les revenus, réduire les coûts et prendre des décisions stratégiques plus éclairées. De plus, des informations exploitables fournissent une base solide pour aligner les stratégies et processus commerciaux sur les besoins des clients et les tendances du marché, conduisant finalement à un meilleur positionnement concurrentiel et à un succès à long terme.

XY1 Traduire l'analyse prédictive en informations exploitables

Voyons maintenant comment l'analyse prédictive peut être traduite en informations exploitables.

1. **Collecte de données de qualité** : la première étape pour générer des informations exploitables à partir de l'analyse prédictive consiste à collecter des données de qualité. Assurez-vous que les processus de collecte de données sont suffisamment robustes pour capturer des données précises et représentatives des différentes facettes de votre entreprise. De plus, restez conscient des biais potentiels dans vos données pour maintenir l'objectivité des prédictions.

2. **Analyser et interpréter les données** : appliquez ensuite l'exploration de données, des algorithmes statistiques et des techniques d'apprentissage automatique pour analyser les données collectées et identifier les modèles et les tendances. Ici, différents modèles prédictifs peuvent être utilisés pour définir les résultats futurs probables. Les interprétations faites ici constituent le fondement de vos idées exploitables.

3. **Synthétiser les résultats dans une stratégie** : une fois les modèles prédictifs discernés, combinez les résultats dans une stratégie réalisable. Cela implique de prendre des décisions sur les prévisions les plus importantes pour votre entreprise, de traduire les résultats quantitatifs en informations qualitatives, puis en actions à mettre en œuvre.

4. **Mise en œuvre des informations** : après avoir compris ce que signifient les résultats et développé une stratégie réactive, l'étape suivante consiste à mettre le plan en action. La mise en œuvre rapide et efficace de la stratégie est essentielle pour tirer le meilleur parti de vos connaissances.

5. **Surveillance et adaptation** : Enfin, à mesure que les actions tirées de l'analyse prédictive sont mises en œuvre, une surveillance continue des résultats est cruciale. Cela permet aux entreprises d'adapter et d'affiner leurs stratégies en fonction de commentaires en temps réel et d'évoluer avec l'environnement commercial dynamique.

Défis XY2 liés à l'exploitation d'informations exploitables

Même si l'analyse prédictive a le potentiel de libérer une multitude d'informations exploitables, il reste des défis à relever. Il s'agit notamment de gérer le volume, la vitesse et la variété du Big Data, de garantir la qualité et la sécurité des données et de traduire des résultats prédictifs complexes en actions. Le manque de professionnels des données qualifiés et la nature dynamique des tendances et des algorithmes en matière de données peuvent également poser des problèmes.

Malgré ces défis, exploiter des informations exploitables issues de l'analyse prédictive constitue un investissement qui peut rapporter d'énormes retours. En combinant avancées technologiques, expertise statistique et prospective stratégique, les entreprises peuvent transformer des montagnes de données en mines d'or d'informations exploitables. Par conséquent, un engagement continu à affiner la collecte, l'analyse et les plans d'action des données est impératif pour que les entreprises puissent exploiter avec succès la puissance de l'analyse prédictive.

X.1 Opérationnalisation de l'analyse prédictive : comment mettre en œuvre des informations exploitables

Comprendre les modèles et les tendances de vos données est une étape nécessaire, mais le véritable pouvoir de l'analyse prédictive réside dans sa capacité à susciter des actions significatives. Compte tenu de cela, il est crucial d'opérationnaliser efficacement votre processus d'analyse prédictive.

X.1.1 Définir des mesures exploitables

Commencez par définir les mesures les plus pertinentes par rapport à vos objectifs commerciaux spécifiques. Ceux-ci peuvent inclure le taux de désabonnement des clients, le taux de conversion des campagnes marketing, les utilisateurs actifs mensuels, le revenu moyen par utilisateur, etc. Une fois que vous avez choisi les indicateurs clés, modélisez votre processus d'analyse prédictive autour d'eux.

X.1.2 Création de modèles prédictifs robustes

Vos mesures exploitables doivent guider le développement de vos modèles prédictifs. Considérez, par exemple, si votre objectif est de réduire le taux de désabonnement des clients. Votre modèle prédictif peut utiliser des données sur le comportement des clients et des mesures d'engagement pour prédire ceux qui risquent de perdre leur clientèle. Une fois le modèle développé, itérez-le et affinez-le constamment pour améliorer sa capacité prédictive.

X.1.3 Personnaliser les plans d'action

À partir des prédictions de vos modèles, élaborez des plans d'actions adaptés. Il doit s'agir de tâches concrètes et réalisables qui peuvent être réalisées par votre équipe. En reprenant notre exemple de désabonnement, un plan d'action pourrait consister à contacter les clients à risque avec des offres personnalisées ou à mener une enquête de satisfaction pour découvrir les causes de l'insatisfaction.

X.1.4 Systèmes de réponse automatisés

Intégrez autant que possible l'utilisation de systèmes de réponse automatisés à vos plans d'action. Par exemple, un système de marketing par e-mail pourrait segmenter automatiquement les clients en fonction de leur niveau de risque et leur envoyer des e-mails ciblés. Cela rend non seulement votre processus efficace, mais garantit également des réponses rapides.

X.1.5 Favoriser la communication

Déployez des informations d'analyse prédictive dans toutes les équipes internes concernées. Cela peut impliquer la conception de tableaux de bord intuitifs qui transmettent les informations de manière claire et convaincante, et la formation des membres de l'équipe sur la façon d'interpréter les données et de mettre en œuvre les décisions.

X.1.6 Mesurer les résultats

Enfin et surtout, il est essentiel d'examiner et de mesurer les résultats des actions entreprises. Au fur et à mesure que les actions sont exécutées, les résultats doivent être surveillés en permanence pour évaluer l'efficacité et recalibrer les modèles si nécessaire. Cela forme un cycle d'amélioration itérative qui affine continuellement votre processus d'analyse prédictive et son impact sur vos opérations commerciales réelles.

En résumé, convertir l'analyse prédictive en informations exploitables n'est pas une tâche ponctuelle. Cela implique une approche disciplinée pour construire de manière itérative des modèles prédictifs, mettre en œuvre des actions, surveiller les résultats et affiner les méthodes. Les récompenses sont cependant nombreuses, car les entreprises qui réussissent dans cette tâche obtiennent un guide tangible et basé sur des données pour leurs opérations futures.

X.1 Utilisation des résultats de l'analyse prédictive

L'objectif principal de l'analyse prédictive est d'extraire des informations précieuses à partir des données et d'utiliser ces informations pour prédire les modèles, tendances et comportements futurs. Cependant, les résultats bruts de l'analyse prédictive ne sont pas nécessairement « exploitables » à eux seuls. Pour exploiter pleinement la puissance de ces modèles prédictifs, il est essentiel de convertir ces résultats bruts en informations exploitables pouvant être exploitées dans les processus décisionnels.

X.1.1 Interprétation des résultats de l'analyse prédictive

La première étape pour transformer l'analyse prédictive en informations exploitables consiste à interpréter correctement les données de sortie. Ce processus nécessite une compréhension approfondie du modèle prédictif, des données utilisées et du résultat lui-même. Les analystes doivent préciser si le modèle a réussi à identifier des modèles et à faire des prédictions précises. Des mesures simples telles que l'exactitude, la précision, le rappel et le score F1 peuvent fournir un aperçu rapide des performances du modèle. Cependant, ces mesures doivent être interprétées avec prudence, compte tenu d'un éventuel surajustement ou sous-ajustement du modèle.

Une compréhension complète des modèles prédictifs permet aux entreprises d'identifier les défauts potentiels inhérents à ces modèles, soutenant ainsi la création de meilleures stratégies ou apportant les ajustements nécessaires pour les prévisions futures.

X.1.2 Rendre les prédictions exploitables

Une fois les prédictions interprétées avec précision, elles peuvent être converties en informations exploitables. Selon le contexte, différentes approches peuvent être applicables. Par exemple, dans un scénario de vente, les prédictions peuvent être utilisées pour identifier des clients potentiels à revenus élevés, déclencher des efforts marketing ciblés ou planifier des stratégies de tarification stratégiques. Dans un environnement de production, les calendriers de maintenance ou les remplacements de pièces peuvent être ajustés en fonction des taux de défaillance prédictifs.

X.1.3 Connecter les informations à la prise de décision

Le but ultime des informations exploitables est d'alimenter les processus décisionnels. En intégrant l'analyse prédictive dans les opérations commerciales, les entreprises peuvent prendre des décisions basées sur les données, ce qui leur permet d'acquérir un avantage concurrentiel. Cependant, l'intégration de l'analyse prédictive doit être abordée de manière réfléchie. Il est crucial de veiller à ce que les entreprises ne s'appuient pas trop sur des décisions fondées sur des données sans intégrer des éléments humains tels que la créativité et l'intuition.

De plus, l'efficacité de l'intégration de l'analyse prédictive dans la prise de décision dépend en grande partie de la culture de l'organisation en faveur d'une prise de décision basée sur les données et de son ouverture à adopter le changement. Par conséquent, les organisations doivent veiller à favoriser une culture centrée sur les données tout en élaborant de solides mécanismes de gestion du changement.

X.1.4 Visualisation de l'analyse prédictive

La transformation des données brutes dans un format visuel est un autre élément clé pour rendre l'analyse prédictive entièrement exploitable. Les outils de visualisation de données tels que les graphiques, les infographies, les cartes thermiques, etc. peuvent rendre les données complexes plus compréhensibles, plus pertinentes et plus utilisables. Par exemple, tracer les ventes projetées d'un produit au cours du prochain trimestre peut démontrer visuellement des modèles et des tendances, rendant les chiffres plus tangibles et plus significatifs.

En conclusion, transformer l'analyse prédictive en informations exploitables est un processus qui nécessite une interprétation appropriée des données de sortie, rendant les prédictions exploitables, les intégrant dans les processus décisionnels et les représentant visuellement. Ces informations n'indiquent pas seulement ce qui pourrait se produire dans le futur ; ils fournissent également des instructions précieuses sur les mesures à prendre dès maintenant pour tirer parti des résultats prévus ou atténuer les risques potentiels.

"Transformer l'analyse prédictive en informations exploitables"

A. Comprendre la puissance de l'analyse prédictive

L'analyse prédictive est une forme avancée d'analyse qui utilise des données historiques, des algorithmes statistiques et des techniques d'apprentissage automatique pour prédire les résultats futurs. Cet outil est utilisé par des entreprises de divers secteurs, comme la santé, le marketing, la vente au détail, la finance, etc., pour prendre des décisions et des stratégies éclairées sur l'avenir.

Essentiellement, l'analyse prédictive exploite la puissance des données pour donner un aperçu de ce qui est le plus susceptible de se produire dans le futur. Il exploite une variété de techniques statistiques, de modélisation, d'exploration de données et d'apprentissage automatique pour étudier les performances passées afin de prédire les résultats futurs.

Les modèles prédictifs capturent les relations entre divers éléments de données et recherchent des modèles ou des tendances révélés au sein de ces relations pour prédire les risques et opportunités futurs. En décodant ces modèles sous-jacents et tendances potentielles, les organisations peuvent comprendre comment différentes variables influencent la trajectoire de leur entreprise, prenant ainsi des décisions plus éclairées et basées sur les données.

B. Transformer l'intelligence prédictive en informations exploitables

Bien que l'analyse prédictive nous fournisse un résultat futur probable, il est important de se rappeler que connaître l'avenir ne suffit pas ; ce qui compte, c'est la manière dont nous utilisons ces connaissances à notre avantage. En d'autres termes, l'analyse prédictive doit être convertie en informations exploitables pour permettre une prise de décision efficace.

Voici comment procéder :

- **Prise de décision** : utilisez l'analyse prédictive pour prendre des décisions éclairées concernant l'allocation des ressources, la gestion des risques et la planification stratégique. Par exemple, les détaillants peuvent utiliser les données sur les achats précédents et les préférences des clients pour prédire quels produits se vendront le mieux à l'avenir et stocker les stocks en conséquence.
- **Planification stratégique** : l'analyse prédictive peut aider les entreprises à planifier leurs prochaines étapes en fournissant des informations sur l'avenir. Par exemple, les entreprises peuvent utiliser ces informations pour planifier leurs stratégies marketing en comprenant quel type de contenu engage le plus leur public ou dans quelle région leurs produits sont susceptibles de se vendre le plus.
- **Gestion des risques** : l'analyse prédictive joue également un rôle crucial dans l'identification des risques potentiels et la prise de mesures préventives. Par exemple, les institutions financières peuvent tirer parti de l'analyse prédictive pour évaluer le risque de crédit d'un emprunteur potentiel. De même, les entreprises peuvent anticiper les pannes d'équipements ou les interruptions de la chaîne de production en analysant les données opérationnelles.
- **Personnalisation** : en comprenant le comportement passé des clients, l'analyse prédictive permet aux

entreprises d'offrir des expériences client personnalisées. Cet aspect contribue à développer des relations clients plus solides et encourage la fidélité, ce qui améliore en fin de compte la rentabilité de votre entreprise.

C. Pièges à éviter lors de la génération d'informations exploitables

Désormais, même si l'analyse prédictive peut aider les entreprises à analyser des ensembles de données complexes et à prédire les résultats futurs, il est essentiel d'éviter certains pièges lors de la génération d'informations exploitables :

- **Qualité des données** : l'exactitude de vos prédictions dépend en grande partie de la qualité des données que vous analysez. L'utilisation de données inadéquates, obsolètes ou non pertinentes peut fausser considérablement vos résultats et conduire à des conclusions erronées. Par conséquent, assurez-vous que vos données sont complètes, pertinentes et à jour.
- **Effet de train en marche** : ne suivez pas aveuglément la tendance ; Toutes les prédictions analytiques ne conviennent pas à toutes les entreprises. Ce qui fonctionne pour une entreprise ne fonctionnera pas nécessairement pour une autre. Il est donc essentiel de déterminer le bon outil d'analyse prédictive adapté aux besoins et objectifs spécifiques de votre entreprise.
- **Inaction** : le simple fait d'identifier les possibilités n'apporte aucune valeur à moins que des mesures ne soient prises. La clé ici est de traduire efficacement

ces informations en actions qui correspondent à vos objectifs commerciaux.

- **Implémentation en silos** : l'analyse prédictive ne doit pas être utilisée isolément pour une seule fonction commerciale. Pour un impact maximal, intégrez l'analyse prédictive dans différents départements pour exploiter tout le potentiel de vos données.

N'oubliez pas que l'analyse prédictive n'est pas une boule de cristal qui prédit l'avenir comme par magie. Néanmoins, associé à des informations stratégiques exploitables, cela pourrait changer la donne dans votre processus de prise de décision, favorisant la croissance et le succès à long terme de votre entreprise.

Droits d'auteur et clauses de non-responsabilité :

Clause de non-responsabilité relative au contenu assisté par l'IA :
Le contenu de ce livre a été généré avec l'aide de modèles de langage d'intelligence artificielle (IA) comme CHatGPT et Llama. Bien que des efforts aient été déployés pour garantir l'exactitude et la pertinence des informations fournies, l'auteur et l'éditeur ne donnent aucune garantie concernant l'exhaustivité, la fiabilité ou l'adéquation du contenu à un usage spécifique. Le contenu généré par l'IA peut contenir des erreurs, des inexactitudes ou des informations obsolètes, et les lecteurs doivent faire preuve de prudence et vérifier indépendamment toute information avant de s'y fier. L'auteur et l'éditeur ne pourront être tenus responsables des conséquences découlant de l'utilisation ou de la confiance accordée au contenu généré par l'IA dans ce livre.

Clause de non-responsabilité générale :
Nous utilisons des outils de génération de contenu pour créer ce livre et obtenons une grande partie du matériel à partir d'outils de génération de texte. Nous mettons à disposition du matériel et des données financières via nos services. Pour ce faire, nous nous appuyons sur diverses sources pour recueillir ces informations. Nous pensons qu'il s'agit de sources fiables, crédibles et exactes. Cependant, il peut arriver que les informations soient incorrectes.
NOUS NE FAISONS AUCUNE RÉCLAMATION OU DÉCLARATION QUANT À L'EXACTITUDE, À L'EXHAUSTIVITÉ OU À LA VÉRITÉ DE TOUT MATÉRIEL CONTENU DANS NOTRE livre. NOUS NE SERONS PAS RESPONSABLES DES ERREURS, DES INEXACTITUDES OU DES OMISSIONS, ET DÉCLINONS SPÉCIFIQUEMENT TOUTE GARANTIE IMPLICITE OU DE

QUALITÉ MARCHANDE OU D'ADÉQUATION À UN USAGE PARTICULIER ET NE SERONS EN AUCUN CAS RESPONSABLES DE TOUTE PERTE DE PROFIT OU DE TOUT AUTRE DOMMAGE COMMERCIAL OU MATÉRIEL, Y COMPRIS, MAIS SANS S'Y LIMITER AUX DOMMAGES SPÉCIAUX, ACCESSOIRES, CONSÉCUTIFS OU AUTRES ; OU POUR DES RETARDS DANS LE CONTENU OU LA TRANSMISSION DES DONNÉES DE NOTRE livre, OU POUR QUE LE LIVRE SERA TOUJOURS DISPONIBLE.

En plus de ce qui précède, il est important de noter que les modèles de langage comme ChatGPT sont basés sur des techniques d'apprentissage en profondeur et ont été formés sur de grandes quantités de données textuelles pour générer un texte de type humain. Ces données textuelles incluent une variété de sources telles que des livres, des articles, des sites Web et bien plus encore. Ce processus de formation permet au modèle d'apprendre des modèles et des relations dans le texte et de générer des sorties cohérentes et adaptées au contexte.

Les modèles linguistiques tels que ChatGPT peuvent être utilisés dans diverses applications, notamment le service client, la création de contenu et la traduction linguistique. Dans le service client, par exemple, les modèles linguistiques peuvent être utilisés pour répondre aux demandes des clients de manière rapide et précise, libérant ainsi les agents humains pour qu'ils puissent gérer des tâches plus complexes. Lors de la création de contenu, les modèles linguistiques peuvent être utilisés pour générer des articles, des résumés et des légendes, permettant ainsi aux créateurs de contenu d'économiser du temps et des efforts. Dans le domaine de la traduction linguistique, les modèles linguistiques peuvent aider à traduire un texte d'une langue à une autre avec une grande précision, contribuant ainsi à éliminer les barrières linguistiques.

Il est important de garder à l'esprit, cependant, que même si les modèles linguistiques ont fait de grands progrès dans la génération de textes de type humain, ils ne sont pas parfaits. Il existe encore des limites à la compréhension du contexte et de la signification du texte par le modèle, et il peut générer des résultats incorrects ou offensants. Il est donc important d'utiliser les modèles de langage avec prudence et de toujours vérifier l'exactitude des résultats générés par le modèle.

Avis de non-responsabilité financière

Ce livre est destiné à vous aider à comprendre le monde de l'investissement en ligne, à éliminer toutes les craintes que vous pourriez avoir quant au démarrage et à vous aider à choisir de bons investissements. Notre objectif est de vous aider à prendre le contrôle de votre bien-être financier en vous offrant une solide éducation financière et des stratégies d'investissement responsable. Cependant, les informations contenues dans ce livre et dans nos services sont uniquement destinées à des fins d'information générale et éducatives. Il ne vise pas à remplacer les conseils juridiques, commerciaux et/ou financiers d'un professionnel agréé. Le secteur de l'investissement en ligne est une question complexe qui nécessite une diligence financière sérieuse pour chaque investissement afin de réussir. Il vous est fortement conseillé de solliciter les services de professionnels qualifiés et compétents avant de vous engager dans tout investissement susceptible d'avoir un impact sur vos finances. Ces informations sont fournies par ce livre, y compris la manière dont elles ont été réalisées, collectivement appelées les « Services ».

Soyez prudent avec votre argent. N'utilisez que des stratégies dont vous comprenez les risques potentiels et que vous êtes à l'aise de prendre. Il est de votre responsabilité d'investir judicieusement et de protéger vos informations personnelles et financières.

Nous croyons que nous avons une grande communauté d'investisseurs qui cherchent à réussir et à s'entraider pour réussir financièrement grâce à l'investissement. En conséquence, nous encourageons les gens à commenter sur notre blog et peut-être à l'avenir sur notre forum. De nombreuses personnes contribueront à cette question, cependant, il y aura des moments où des personnes fourniront des informations trompeuses, trompeuses ou incorrectes, involontairement ou autrement.

Vous ne devez JAMAIS vous fier aux informations ou opinions que vous lisez sur ce livre, ou sur tout livre auquel nous pourrions être lié. Les informations que vous lisez ici et dans nos services doivent être utilisées comme point de départ pour votre PROPRE RECHERCHE dans diverses entreprises et stratégies d'investissement afin que vous puissiez prendre une décision éclairée sur où et comment investir votre argent.

NOUS NE GARANTISSONS PAS LA VÉRACITÉ, LA FIABILITÉ OU L'EXHAUSTIVITÉ DES INFORMATIONS FOURNIES DANS LES COMMENTAIRES, LE FORUM OU D'AUTRES ESPACES PUBLICS DU livre OU DANS TOUT HYPERLIEN APPARAISSANT SUR NOTRE livre.

Nos services sont fournis pour vous aider à comprendre comment prendre de bonnes décisions d'investissement et de finances personnelles pour vous-même. Vous êtes seul responsable des décisions d'investissement que vous prenez. Nous ne serons pas responsables des erreurs ou omissions sur le livre, y compris dans les articles ou les publications, pour les hyperliens intégrés dans les messages, ou pour tout résultat obtenu à partir de l'utilisation de ces informations. Nous ne serons pas non plus responsables de toute perte ou dommage, y compris les dommages indirects, le cas échéant, causés par la confiance d'un lecteur dans toute information obtenue grâce à l'utilisation de nos Services. Veuillez ne pas utiliser notre livre si vous n'acceptez pas l'auto-responsabilité de vos actions.

La Securities and Exchange Commission (SEC) des États-Unis a publié des informations supplémentaires sur la cyberfraude pour vous aider à la reconnaître et à la combattre efficacement. Vous pouvez également obtenir une aide supplémentaire sur les programmes d'investissement en ligne et sur la manière de les éviter dans les livres suivants : http://www.sec.gov et http://www.finra.org, et http://www.nasaa.org ce sont chacune des organisations mises en place pour aider à protéger les investisseurs en ligne.

Si vous choisissez d'ignorer nos conseils et de ne pas faire de recherche indépendante sur les diverses industries, entreprises et actions, vous avez l'intention d'investir et de vous fier uniquement aux informations, «conseils» ou opinions trouvées dans notre livre - vous reconnaissez que vous avez fait une décision consciente et personnelle de votre plein gré et n'essayera pas de nous tenir responsables des résultats de celle-ci en aucune circonstance. Les services offerts ici ne visent pas à agir en tant que votre conseiller en placement personnel. Nous ne connaissons pas tous les faits pertinents vous concernant et/ou vos besoins individuels, et nous ne déclarons ni ne prétendons que l'un de nos Services est adapté à vos besoins. Vous devriez vous adresser à un conseiller en placement inscrit si vous recherchez des conseils personnalisés.

Liens vers d'autres sites. Vous pourrez également créer des liens vers d'autres livres de temps en temps, via notre site. Nous n'avons aucun contrôle sur le contenu ou les actions des livres vers lesquels nous proposons des liens et ne serons pas responsables de tout ce qui se produit en relation avec l'utilisation de ces livres. L'inclusion de liens, sauf indication contraire expresse, ne doit pas être considérée comme une approbation ou une recommandation de ce livre ou des opinions qui y sont exprimées. Vous, et vous seul, êtes responsable de faire preuve de diligence raisonnable sur tout livre avant de faire affaire avec eux.

Avis de non-responsabilité et limitations de responsabilité : En aucun cas, y compris, mais sans s'y limiter, en cas de négligence, nous, ni nos partenaires le cas échéant, ni l'une de nos sociétés affiliées, ne serons tenus responsables, directement ou indirectement, de toute perte ou dommage, quel qu'il soit, découlant de de, ou en relation avec, l'utilisation de nos Services, y compris, sans s'y limiter, les dommages directs, indirects, consécutifs, inattendus, spéciaux, exemplaires ou autres qui peuvent en résulter, y compris, mais sans s'y limiter, une perte économique, une blessure, une maladie ou un décès ou tout autre dommage. tout autre type de perte ou de dommage, ou de réactions inattendues ou défavorables aux suggestions contenues dans le présent document ou autrement causées ou présumées vous avoir été causées en relation avec votre utilisation de tout conseil, bien ou service que vous recevez sur le Site, quelle qu'en soit la source, ou tout autre livre que vous avez pu visiter via des liens de notre livre, même si vous êtes informé de la possibilité de tels dommages.

La loi applicable peut ne pas autoriser la limitation ou l'exclusion de responsabilité ou de dommages indirects ou consécutifs (y compris, mais sans s'y limiter, la perte de données), de sorte que la limitation ou l'exclusion ci-dessus peut ne pas s'appliquer à vous. Cependant, en aucun cas la responsabilité totale de notre part envers vous pour tous les dommages, pertes et causes d'action (qu'elles soient contractuelles, délictuelles ou autres) ne dépassera le montant que vous nous avez payé, le cas échéant, pour l'utilisation de notre Services, le cas échéant. Et en utilisant notre Site, vous acceptez expressément de ne pas essayer de nous tenir responsables des conséquences résultant de votre utilisation de nos Services ou des informations qui y sont fournies, à tout moment ou pour quelque raison que ce soit, quelles que soient les circonstances.

Avis de non-responsabilité concernant les résultats spécifiques. Nous nous engageons à vous aider à prendre le contrôle de votre bien-être financier grâce à l'éducation et à l'investissement. Nous proposons des stratégies, des opinions, des ressources et d'autres services spécialement conçus pour éliminer le bruit et le battage médiatique afin de vous aider à prendre de meilleures décisions en matière de finances personnelles et d'investissement. Cependant, il n'existe aucun moyen de garantir qu'une stratégie ou une technique soit efficace à 100 %, car les résultats varient selon l'individu, ainsi que les efforts et l'engagement qu'il déploie pour atteindre son objectif. Et malheureusement, nous ne vous connaissons pas. Par conséquent, en utilisant et/ou en achetant nos services, vous acceptez expressément que les résultats que vous recevez de l'utilisation de ces services dépendent uniquement de vous. En outre, vous acceptez également expressément que tous les risques liés à l'utilisation et toutes les conséquences d'une telle utilisation soient supportés exclusivement par vous. Et que vous ne tenterez pas de nous tenir responsables à aucun moment ou pour quelque raison que ce soit, quelles que soient les circonstances.

Comme stipulé par la loi, nous ne pouvons pas et ne faisons aucune garantie quant à votre capacité à obtenir des résultats particuliers en utilisant tout service acheté via notre livre. Rien sur cette page, notre livre ou l'un de nos services n'est une promesse ou une garantie de résultats, y compris que vous gagnerez une somme d'argent particulière ou, de l'argent du

tout, vous comprenez également que tous les investissements comportent des risques et vous risquez en fait de perdre de l'argent en investissant. En conséquence, tous les résultats indiqués dans notre livre, sous forme de témoignages, d'études de cas ou autres, ne sont qu'illustratifs de concepts et ne doivent pas être considérés comme des résultats moyens ou des promesses de performances réelles ou futures.

indicatif uniquement et ne garantissent pas que les lecteurs obtiendront des résultats similaires. Le succès individuel dans le trading dépend de divers facteurs, notamment la situation financière personnelle, la tolérance au risque et la capacité à appliquer de manière cohérente les stratégies et techniques discutées.

Des informations à l'intelligence exploitable

Découvrez la puissance des données et transformez l'avenir grâce à l'analyse prédictive. « Analyse prédictive : exploiter la puissance des données pour des perspectives futures » plonge dans le monde fascinant de l'analyse de données, démystifiant des concepts complexes et offrant des solutions pratiques pour les entreprises et les particuliers. Ce guide accessible explore comment l'analyse prédictive peut servir d'outil clé dans la prise de décision stratégique, permettant aux organisations de prédire les tendances futures, d'optimiser les stratégies marketing et de réduire les risques. Le livre offre un aperçu complet des méthodes et techniques utilisées dans l'analyse prédictive des données, offrant aux lecteurs une solide compréhension de la visualisation des données, de la modélisation statistique, de l'apprentissage automatique, etc. Que vous soyez un novice en science des données ou un professionnel chevronné, "Analyse prédictive : exploiter la puissance des données pour des informations futures" vous permettra d'exploiter le potentiel des données et de façonner l'avenir.

ISBN 9798858825326

9 798858 825326

90000

CORNELL-DAVID PUBLISHING